Zehn Lösungen aus dem Strafrecht

der

Staatsprüfungs-Aufgaben 1926–1929

Herausgegeben
von

Dr. Friedrich Mattil
Amtsgerichtsrat in Ludwigshafen a. Rh.

1930
München, Berlin, Leipzig
J. Schweitzer Verlag (Arthur Sellier)

Druck von Dr. F. P. Datterer & Cie., Freising-München

Vorwort.

Die vorliegende Sammlung verdankt ihr Entstehen dem Wunsche, denjenigen Referendaren die Vorbereitung auf die Staatsprüfung zu erleichtern, die nicht in der Lage sind, während des Vorbereitungsdienstes besondere Ausbildungskurse zu besuchen. Sie stellt sich eine dreifache Aufgabe: nicht nur eine vertretbare Beantwortung der in den Prüfungsaufgaben gestellten Fragen zu geben, sondern auch die Kenntnis von der Technik und dem inneren Gefüge der Begründung einer Entscheidung zu vermitteln, und darüber hinaus nicht nur die allgemeinen Lehren nach Möglichkeit umfassend darzustellen, sondern auch das aufgeworfene Einzelproblem als die Anwendung einer allgemeinen Problemstellung zu zeigen. Mit diesem Versuch wird zugleich die Absicht verbunden, Strafrecht und Strafprozeßrecht nicht lediglich als Technik sondern auch als Wissenschaft empfinden zu lassen und dadurch den Auftrieb des Studiums zu beleben.

Die angezogenen Entscheidungen sollen nicht nur die dargelegten Ausführungen stützen, sondern vor allem zum Studium anregen, denn nur die intensive Beschäftigung mit dem Rechtsstoff kann den Baumeister des Rechts erstehen lassen.

Ludwigshafen a. Rhein im April 1930.

Mattil.

Inhaltsverzeichnis.

Abkürzungen:

LK. = Ebermayer=Eichelbaum-Lobe-Rosenberg, Kommentar zum Reichsstrafgesetzbuch mit bes. Berücksichtigung der Rechtsprechung des Reichsgerichts.

Staatsprüfung 1926 Herbst, I. 9.

I.

A. Kiel, Aal, Taler und Dr. Riehl haben sich je eines Vergehens der fahrlässigen Tötung nach § 222 StrGB. schuldig gemacht, Kiel und Dr. Riehl unter Verletzung einer Berufspflicht nach Abs. 2 des § 222 StrGB.

1. a) Kiel hat dadurch, daß er sich auf seinem Fuhrwerk zum Schlafen niederlegte, obwohl er dieses Fuhrwerk auf öffentlicher Straße in Gang gesetzt hatte und in Gang beließ, eine Bedingung zum Eintritt des schädigenden Erfolges, zunächst der Verletzung des Kindes und dadurch auch zu dem Eintritt des Todes gesetzt[1]); denn mit einer an Sicherheit grenzenden Wahrscheinlichkeit darf angenommen werden, daß das Kind nicht angestreift und infolgedessen weder verletzt worden, noch gestorben wäre, wenn Kiel wachsam geblieben wäre und die Leitung seines Fuhrwerkes im Auge behalten hätte. Mehr aber ist zur Verursachung eines Erfolges nicht erforderlich[2])[3]).

b) Ebenso hat Aal dadurch, daß er mit dem Motorrad an das Fuhrwerk heranfuhr, eine Bedingung zum Eintritt des oben bezeichneten Erfolges gesetzt; denn nur infolge seines Heranfahrens drängten die Pferde nach rechts hinüber, zur Seite, an der das Kind stand, ohne dieses Hinüberdrängen wäre das Kind nicht angestreift und nicht überfahren worden, um schließlich an den Folgen der Verletzung zu sterben.

c) Das gleiche gilt von Taler; der Unfall wäre vermieden worden, wenn Taler das Kraftrad dem Aal nicht übergeben hätte.

---

[1]) JW. 55, 1171 Nr. 7 (III. Sen.); JW. 55, 1994 Nr. 1 (BayObLG.).

[2]) RGSt. Bd. 56, 343 [348] (I. Sen.).

[3]) BayZ. 1927, 262 Nr. VII (I. Sen.).

In keinem dieser Fälle ist der Kausalzusammenhang der Verursachung des Todes des Kindes durch das Tun der Vorgenannten dadurch unterbrochen, daß der Arzt Dr. Riehl durch nachlässige Behandlung des Kindes erst die Bedingung gesetzt hat, die von der eingetretenen Körperverletzung zum Tode führte. Verursachung liegt auch dann vor, wenn wie im vorliegenden Fall, noch sog. Zwischenursachen (= nachl. Behandlung) hinzutreten, die zum Erfolg beitragen, wenn nur diese Zwischenursachen durch das verbotswidrige Verhalten derer ausgelöst sind, die die frühere Bedingung, die zum Erfolg beiträgt, gesetzt haben [4]). Der Kausalzusammenhang wird nicht dadurch unterbrochen, daß, wie hier, das fahrlässige Verhalten eines zurechnungsfähigen Dritten eine Zwischenursache setzt, ohne die der rechtswidrige Erfolg nicht eingetreten wäre [5]).

Soweit Taler in Betracht kommt, wird der von ihm durch Zuverfügungstellen des Kraftrades ausgelöste Kausalverlauf nicht dadurch unterbrochen, daß Aal das empfangene Rad vorsätzlich zur Ausführung der Fahrt benutzte, bei der er einen Jux mit dem schlafenden Kiel machen will. Ein vorsätzliches Handeln eines Dritten kann den ursächlichen Zusammenhang nur dann ausschalten, wenn es sich auf denselben Erfolg richtet, den sonst die Handlung des Täters herbeigeführt haben würde, und wenn er unter Beseitigung von deren Wirkung eine neue Bedingung für den Erfolg setzen will und setzt [6]). Dies trifft jedoch hier nicht zu. Aal wollte ja gerade das von Taler übergebene Rad zur Ausführung seines Vorhabens benutzen, hat also die von Taler gesetzte Bedingung geradezu verstärkt. Zum anderen aber war sein Vorsatz nicht auf die Herbeiführung einer Körperverletzung oder mehr gerichtet. Nur ein hierauf gerichteter Vorsatz könnte den durch Taler ausgelösten Kausalzusammenhang unterbrechen, nicht aber ein nur fahr-

[4]) LZ. 1926, 176 Nr. 3 (II. Sen.).

[5]) RGSt. Bd. 56, 343 [348] (I. Sen.); JW. 58, 345 Nr. 3 (BayObLG.).

[6]) JW. 54, 2770 Nr. 2 (II. Sen.); RGSt. Bd. 58, 366 (II. Sen.); Bd. 61, 318 [319/20] (I. Sen.); JW. 56, 2804 Nr. 8 (I. Sen.).

lässiges Handeln des Aal, das hier in bezug auf die eingetretene tödliche Verletzung allein in Betracht kommt.

d Haben die Vorgenannten durch tätiges Handeln eine Bedingung zum Erfolg gesetzt, so hat Dr. Riehl das gleiche durch rechtswidriges Unterlassen getan, dadurch, daß er unterließ, seinen Stellvertreter anzuweisen, täglich nach dem Kind zu sehen, wodurch die Brandbildung vermieden worden, und ohne die der Tod nicht eingetreten wäre. Wäre ein bestimmter Erfolg ohne ein Unterlassen nicht eingetreten, so ist diese Unterlassung dem Täter dann als Verursachung des Erfolges zuzurechnen, wenn eine Rechtspflicht zum Handeln bestand. Diese Rechtspflicht kann sich auf einen Vertrag gründen[7]). Ein solcher liegt hier vor. Dr. Riehl hatte durch ausdrücklichen Vertrag oder schlüssige Handlung die Heilbehandlung übernommen. Hieraus ergab sich für ihn die Verpflichtung, im Rahmen seiner ärztlichen Kunst für die Wiederherstellung des Kindes tätig zu sein. Diese Verpflichtung schloß auch die Pflicht in sich, seinen Stellvertreter über Art und Gefährlichkeit der Erkrankung seines Patienten aufzuklären und ihn mit den erforderlichen Anweisungen zu versehen. Dies aber hat Dr. Riehl versäumt; andernfalls wäre der Brand und infolgedessen der Tod vermieden worden.

2. Kiel, Aal, Taler und Dr. Riehl haben den Tod des Kindes f a h r l ä s s i g verursacht. Zur Fahrlässigkeit gehört, einmal, daß der Täter die Sorgfalt außer acht läßt, zu der er nach den Umständen und nach seinen persönlichen Verhältnissen rechtlich verpflichtet und tatsächlich imstande ist, und infolgedessen entweder nicht voraussieht, daß der rechtswidrige Erfolg eintreten könne (unbewußte Fahrlässigkeit), oder diesen zwar für möglich hält, aber darauf vertraut, daß es nicht geschehen möge (bewußte Fahrlässigkeit)[8]); zur Fahrlässigkeit gehört ferner, daß ihm ein Andershandeln zuzumuten war.

Kiel, Aal und Taler hätten nicht nur vorhersehen können, daß eine Verletzung des Kindes eintritt — Taler hat

[7]) RGSt. Bd. 58, 130 (I. Sen.).
[8]) RGSt. Bd. 62, 126 (I. Sen.); Bd. 56, 343 [348] (I. Sen.).

sogar eine Verletzung des Kindes für möglich gehalten, aber darauf vertraut, daß nichts passieren werde, wie sich aus seinen Äußerungen ergibt — sie hätten auch den Eintritt des Todes als mögliche Folge ihres Verhaltens vorhersehen können. Bei Prüfung der Frage, ob ein rechtswidriger Erfolg vorhersehbar war, ist zu fragen, ob der Täter hätte vorhersehen können, daß die zum Erfolg führenden Ereignisse sich so aneinanderreihen könnten, wie es tatsächlich geschehen ist; nicht der Eintritt des abstrakten Erfolges, sondern der konkrete Verlauf der Ereignisse muß vorhergesehen werden können[9]). Auf die Vorhersehbarkeit aller Einzelheiten des konkreten Verlaufes kommt es jedoch nicht an[9]). Die Voraussehbarkeit umfaßt somit auch die sog. Zwischenursachen: sie sind dem Täter zuzurechnen, wenn sich diese Zwischenursachen im Rahmen der allgemeinen Lebenserfahrung halten, es sei denn, daß der Täter nach der besonderen Gestaltung der Sache von dieser Erfahrung ausgeschlossen ist[10]). Es ist aber eine allgemeine Lebenserfahrung, daß zu Körperverletzungen leicht Komplikationen hinzutreten, sei es aus der Erkrankung selbst heraus, sei es durch Hinzutreten eines Verschuldens des Verletzten selbst oder Dritter. Kief, Aal und Taler, die alle schon im Berufsleben stehen und über diese Erfahrungen verfügen, hätten deshalb die Verletzung voraussehen können, Aal war durch Taler noch besonders aufmerksam gemacht; sie hätten auch mit dem Hinzutreten von Verschlimmerungen rechnen müssen und den Eintritt des Todes vorhersehen können.

Auch Dr. Riehl hätte vorhersehen können, daß möglicherweise der Tod des Kindes eintrete, wenn er nicht alle Sorgfalt aufwende, um so mehr als er schon befürchtet hatte, ohne Operation sei das Kind überhaupt nicht zu retten.

Sämtliche wären aber auch verpflichtet und in der Lage gewesen, so zu handeln, daß der tödliche Erfolg unterblieben wäre; denn der Eintritt dieses Erfolges war handgreiflich;

---

[9]) JW. 56, 904 Nr 21 (I. Sen.).

[10]) LZ. 1926, 176 [177] Nr. 3 (II. Sen.); RGSt. Bd. 61, 318 [321] (I. Sen.); JW. 57, 2327 Nr. 13 u. 2327 Nr. 15 (I. Sen.); DRZ. 1928, 382 Nr. 836 (BayObLG.).

Kiel und Riehl war um so mehr zuzumuten, anders zu handeln, als sie auf Grund ihrer Berufstätigkeit hiezu besonders angehalten waren (§ 222 II StrGB.).

B. 1. Dagegen haben sich die Eheleute Hahn nicht strafbar gemacht. Dadurch, daß sie nicht die Zustimmung zur Vornahme der Operation gaben, durch die das Kind vielleicht endgültig gerettet gewesen wäre, haben sie sich keiner rechtswidrigen Unterlassung schuldig gemacht. Dem Vater obliegt zwar nach § 1628 BGB., der Mutter nach § 1634 BGB. die Pflicht, für die Person des Kindes zu sorgen. Ein rechtswidriges Unterlassen der Ehefrau Hahn entfällt aber schon deshalb, weil nach § 1634 S. 2 BGB. bei Meinungsverschiedenheiten die Meinung des Vaters vorgeht. Dieser ist zwar, wenn nach dem Dafürhalten eines gewissenhaften Familienvaters Veranlassung dazu besteht, verpflichtet, das Kind in Heilbehandlung zu geben. Ist dies geschehen, so würde selbst dann kein schuldhaftes Unterlassen vorliegen, wenn der Tod des Kindes durch das bloße Unterbleiben der Operation, ohne Hinzutritt des Brandes, eingetreten wäre; denn es lag außerhalb der Lebenserfahrung des Händlers Hahn, vorhersehen zu können, ob dadurch der Tod herbeigeführt werden könne; aber auch durch die Erklärung des Arztes brauchte er sich nicht bestimmen zu lassen; denn dieser sprach zunächst nur von einer Wahrscheinlichkeit. Es war ihm deshalb nach Maßgabe der Sorgfalt eines gewissenhaften Mannes nicht zuzumuten, jetzt schon das Bein des Kindes zur Abwendung einer Befürchtung des Arztes zu opfern, so lange noch Aussicht bestand, daß das Kind auch ohne Amputation gerettet werden könne.

Die Ehefrau Hahn hat sich auch dadurch nicht erkennbar schuldig gemacht, daß sie das Entschlüpfen des Kindes nicht verhinderte. Zwar wäre das Kind nicht umgekommen, wenn es so verwahrt gewesen wäre, daß es nicht entschlüpfen konnte. Zur Beaufsichtigung und Verwahrung des Kindes war die Mutter gemäß § 1634 BGB. auch verpflichtet. Ob sie diese Pflicht schuldhaft verabsäumt hat, läßt der Tatbestand jedoch nicht erkennen. Ohne Kenntnis der näheren

Umstände seiner vorgängigen Verwahrung und der Art seines Entschlüpfens läßt sich über das Vorliegen einer Fahrlässigkeit kein Urteil abgeben. Der Tatbestand läßt auch nicht erkennen, ob die Ehefrau Hahn das Entschlüpfen bemerkt hatte, oder hätte bemerken können, um dann sich um den Verbleib des Kindes kümmern zu müssen.

2. Auch Natz hat sich nicht strafbar gemacht. Er hat zwar den Gedanken aufgebracht, Kiel zu erschrecken. Dadurch hat er jedoch keine Bedingung zum Eintritt des Erfolges gesetzt. Denn das Vorgehen des Aal bildet nicht die kontinuierliche Fortsetzung der von Natz gegebenen Anregung. Durch die Einwände des Taler, denen sich Natz anschloß, war der ursprüngliche Plan beseitigt. Aal griff den wieder fallengelassenen Gedanken als eigenen auf und löste eine neue Kausalreihe aus. Aal handelte aus eigenem Entschluß. Die Überlegung des Natz aber, Kiel erschrecken zu können, liegt vor dem Anfang der Ausführung dieses Gedankens und kommt deshalb als Mitwirkung, als Ursache des Erfolges nicht in Betracht.

II.

A. Aal und Natz machten dem Polizeibeamten gegenüber die unwahren Angaben zu dem Zweck, eine Strafverfolgung der Schuldigen zu verhindern.

1. a) Natz hat sich dadurch eines Vergehens der Begünstigung nach § 257 RStrGB. schuldig gemacht, wenn er, im Bewußtsein seiner Unschuld, Aal allein, zweier tateinheitlich nach § 73 StrGB. zusammentreffender Vergehen der Begünstigung, wenn er außerdem auch Kiel der Strafverfolgung entziehen wollte. Persönliche Begünstigung kann auch darin gefunden werden, daß der Zeuge bei einer eidlichen oder uneidlichen Vernehmung, letzterenfalls auch einem Polizeibeamten gegenüber, wissentlich unwahre Aussagen macht, um den Täter der Bestrafung zu entziehen [11]).

---

[11]) RGSt. Bd. 57, 307. (II Sen.); JW. 58, 2730 Nr. 30 (I. Sen.); DJZ. 1925, 1658.

b) Hat Natz jedoch, wenn auch rechtsirrig, angenommen, sich selbst einer strafbaren Beteiligung an der Körperverletzung des Kindes schuldig gemacht zu haben, so liegt straflose Selbstbegünstigung vor, mag er auch gleichzeitig die Absicht verfolgt haben, neben sich auch Aal und Kiel der Strafverfolgung zu entziehen[12]). Ausschlaggebend für die strafrechtliche Würdigung ist in diesem Falle, daß er *sich* vor Strafverfolgung schützen wollte. Die Strafbarkeit unterbleibt hier gemäß § 59 StrGB., da Natz das Vorhandensein eines Tatumstandes nicht kannte, der zum gesetzlichen Tatbestand gehört; er leistete die Begünstigung nicht „dem Täter", der immer nur eine andere, von ihm verschiedene Person sein kann, sondern sich selbst.

2. a) α) Treffen die vorbezeichneten Voraussetzungen unter 1 b zu, so hat sich Aal durch die Verabredung mit Natz und die unwahren Angaben dem Polizeibeamten gegenüber keiner strafbaren Handlung schuldig gemacht, selbst wenn er neben sich auch Natz begünstigen wollte, mag er nun gewußt haben oder nicht, daß Natz sich für mitschuldig hält. Infolge der akzessorischen Natur der Teilnahme ist in diesem Falle weder Beihilfe noch Anstiftung möglich, da Natz sich keiner strafbaren Handlung schuldig gemacht hat.

β) Aber selbst wenn bezüglich des Natz die Voraussetzungen unter 1 a zutreffen, hat sich Aal nicht strafbar gemacht, wenn er, wenn auch irrig, Natz für mitschuldig hielt. In diesem Falle gilt dasselbe, was oben unter b bezüglich des Natz gesagt wurde.

b) Hat Aal jedoch angenommen, Natz habe sich nicht strafbar gemacht, so hat er, was dem Sachverhalt ohne weiteres entnommen werden darf, dadurch, daß er durch die Verabredung den Natz, der sich für schuldlos hält, erst bewog, falsche Angaben zu machen in der Absicht, sich selbst von Strafe frei zu halten, sich einer Anstiftung zur Begünstigung gemäß §§ 257, 48 StrGB. schuldig gemacht. Denn die Anstiftung ist Teilnahme an einer fremden straf-

[12]) RGSt. Bd. 60, 101 (I. Sen.); LZ. 1926, 750 Nr. 2. (II. Sen.); JW. 54, 2475 Nr. 2. (III. Sen.).

baren Handlung und geht über den Rahmen strafloser Selbstbegünstigung hinaus[13]).

B. Bezüglich der gerichtlichen Aussagen gilt folgendes:

1. a) *α*) Natz war im Begriff, seine unwahren Aussagen mit einem Eide zu bekräftigen; es kam jedoch nicht zur Vollendung des Meineids, da Natz den Eid nicht zu Ende gesprochen hat. Er hat jedoch durch das teilweise Nachsprechen der Eidesformel einen Anfang der Ausführung eines Meineidsverbrechens nach §§ 154, 43 gemacht. Von diesem unbeendigten Versuch ist er jedoch freiwillig zurückgetreten. Der Meineidsversuch als solcher ist somit straflos gemäß § 46 Ziff. 1 RStrGB.

β) § 49a StrGB. ist jedoch nicht gegeben. Aal hat zwar den Natz schriftlich und unter Übersendung eines Geschenkes zur Begehung eines Verbrechens aufgefordert. Wenn sich Natz auch der Aufforderung entsprechend verhalten hat, so hat er dadurch die Aufforderung doch nicht „angenommen" i. S. des § 49a; hiezu wäre erforderlich gewesen, daß die Annahmeerklärung dem Auffordernden so zugegangen gewesen sei, daß er sie hätte wahrnehmen und verstehen können. Die bloß stillschweigende Annahme oder ein der Aufforderung entsprechendes Verhalten genügt nicht (LK. Anm. 5 zu § 49a).

b) Durch die vor der Eidesleistung im Bewußtsein seiner Unschuld (s. o. II A 1 a) aus Mitleid mit Kiel, Aal und Taler gemachten unwahren Aussagen hat sich Natz dreier tateinheitlich zusammentreffender Vergehen der Begünstigung nach §§ 257, 73 RStrGB. schuldig gemacht. Denn daß er aus Mitleid gehandelt hat, besagt, daß er die unwahren Angaben machte, um sie der Bestrafung zu entziehen. Die Begünstigung war schon vor der Eidesleistung rechtlich und tatsächlich vollendet, mag auch Natz noch die Absicht gehabt haben, noch ein weiteres zu tun, und zur Verstärkung der Glaubwürdigkeit seiner Angaben diese zu beeiden.

c) Diese Begünstigung steht zur früheren unter II A 1 a angegebenen in Tatmehrheit nach § 74 StrGB., da Natz erst

---

[13]) RGSt. Bd. 60, 347/48 (II. Sen.).

auf Grund des Briefes des Aal sich zur unwahren Angabe und Begünstigung entschlossen hat.

2. a) α) Aal hat sich dadurch, daß er den Natz brieflich ersuchte, vor Gericht auch unter Eid die Unwahrheit zu sagen, und zur Verstärkung seines Ersuchens noch fünf Mark beilegte, eines Verbrechens der Anstiftung zu einem Verbrechen des versuchten Meineides nach §§ 154, 43, 48 RStrGB. schuldig gemacht. Der Rücktritt des Natz kommt dem Aal als Anstifter nicht zustatten, da der Rücktritt ein höchstpersönlicher Strafausschließungsgrund ist (Olshausen Anm. 2 zu § 46).

β) αα) In Tateinheit hiermit steht ein Vergehen der Anstiftung zu einem Vergehen der Begünstigung nach §§ 257, 48 RStrGB., wenn Aal der Überzeugung war, daß Natz schuldlos sei[13a]), und wenn Natz bei seinen Aussagen sich selbst als an der fahrlässigen Tötung unschuldig betrachtete; denn er wollte erreichen, daß Natz die unwahren Angaben mache, damit er — Aal — und Kiel von der Strafverfolgung verschont bleiben.

ββ) Hat er jedoch irrig angenommen, Natz habe sich ebenfalls strafbar gemacht, so entfällt die strafbare Begünstigung aus den oben unter A 2 a angegebenen Gründen.

b) α) Aal hat sich durch die beeidete falsche Aussage vor dem Richter eines Meineides nach § 154 StrGB. schuldig gemacht. Da er den Nacheid geleistet hat, war der Eid mit der Vollendung des letzten Wortes der Eidesformel vollendet (LK. Anm. 5 u. 6 zu § 154). Ein Rücktritt vom Versuch kommt deshalb nicht mehr in Betracht. Der Eid war in mehreren Punkten falsch: einmal darin, daß er die gleichen unwahren Angaben machte, wie vor der Polizei; zum andern darin, daß er seine eigene Täterschaft verschwieg. In bezug hierauf hat er wider besseres Wissen den Eid dahin geleistet, nichts verschwiegen zu haben, mag ihm nach § 69 Abs. 1 StrPO. Gelegenheit zur zusammenhängenden Darstellung seines Wissens von den inkriminierten Vorgängen gegeben worden sein oder nicht. Die Nichtbeachtung pro-

---

13a) RGSt. Bd. 60, 434/78 (II. Sen.).

zessualer Vorschriften bei der Abnahme des Eides schließt die Strafbarkeit des falschen Eides nicht aus[14]).

Aal war verpflichtet, seine eigene Täterschaft zu bekunden, oder bei seiner Vernehmung zu erklären, über weiteres keine Angaben machen zu wollen, da er sich allenfalls selbst könnte strafbar gemacht haben. Von dem ihm nach § 55 StrPO. zustehenden Recht der Zeugnisverweigerung durfte er nicht dadurch Gebrauch machen, daß er ihn belastende Vorgänge einfach mit Stillschweigen überging[15]).

Der Meineid wird auch nicht dadurch ausgeschlossen, daß Aal gemäß § 57 Ziff. 3 StrPO. als Teilnehmer überhaupt nicht hätte beeidigt werden dürfen[14]). Teilnehmer i. S. der Ziffer 3 ist nicht nur der, der nach Maßgabe der §§ 47 bis 49 StrGB. mitgewirkt hat, sondern jeder, der in irgendeiner strafbaren Weise zur Herbeiführung des strafbaren Erfolges beigetragen hat[16]).

β) Aal kommt jedoch die Vergünstigung des § 158 StrGB. zugute; er hat die falsche Aussage in einer den Erfordernissen des § 158 StrGB. entsprechenden Weise widerrufen. Widerruf ist jede Erklärung, durch die der Erklärende den Inhalt einer von ihm früher abgegebenen Erklärung als unrichtig anerkennt[17]) (Olsh. Anm. 1a zu § 158). Die Angabe der Wahrheit ist nicht erforderlich[17]). Ein solcher Widerruf liegt hier vor. Wenn der Eid auch in mehreren Punkten falsch ist, so betrifft doch der Widerruf das Ganze der Aussage; denn die beiden Punkte, in denen der Eid falsch ist, sind nicht inhaltlich selbständige Teile[18]), sondern stehen in einem engen innern Zusammenhang: die Aussage, das Kind sei in das Fuhrwerk hineingelaufen, war

---

[14]) RGStr. Bd. 62, 147 [149] (II. Sen.) = JW. 57, 2144 [2145] Nr. 31; JW. 55, 584 Nr. 3 (I. Sen.); vgl. aber auch JW. 54, 792 Nr. 2 (I. Sen.).

[15]) BayZ. 1927, 76 (I. Sen.); RGSt. Bd. 57, 152 (I. Sen.).

[16]) RGStr. Bd. 57, 157; vgl. BayZ. 1926, 4 (ausführliche Darstellung).

[17]) RGSt. Bd. 59 87 (I. Sen.); RGSt. Bd. 61, 194 [197] (II. Sen.).

[18]) Vgl. BayZ. 1925, 342 (I. Sen.); 1926, 244 (I. Sen.).

geeignet und bestimmt, nicht nur den zu schützen, der augenblicklich im Strafverfahren verfolgt wurde, sondern auch den Zeugen selbst wie die übrigen Beteiligten.

γ) Aal kommt ferner der Strafermäßigungsgrund des § 157 Abs. 1 Ziff. 1 StrGB. zustatten, und zwar in Beziehung auf beide[19]) Punkte, in denen er seine Eidespflicht verletzt hat:

$\alpha\alpha$) Sofern er den Natz vor der polizeilichen Vernehmung angestiftet hat, falsche Angaben zu machen, soweit hierin eine strafbare Anstiftung zur Selbstbegünstigung zu erblicken ist (s. o. II. A 2 b). Hätte er bei der eidlichen Vernehmung der Wahrheit entsprechend ausgesagt, so lag die Gefahr sehr nahe, daß die Strafverfolgungsbehörde wegen seiner früheren, zugunsten des Kiel gemachten Angaben ein Strafverfahren wegen Begünstigung einleite[20]).

$\beta\beta$) Aber auch sofern er sich durch die unwahren Angaben der Polizei gegenüber einer strafbaren Begünstigung nicht schuldig gemacht hat (s. o. II. A 2 a), kommt ihm die Strafermäßigung zu. Bei Prüfung der Frage, ob die Angabe der Wahrheit die Gefahr einer strafrechtlichen Verfolgung nach sich ziehen kann, ist die Entscheidung nicht darauf allein abzustellen, ob die Tatsache an deren Stelle die beschworene Tatsache untergeschoben wurde, an und für sich allein geeignet gewesen wäre, die Gefahr einer Strafverfolgung nach sich zu ziehen. Wäre vielmehr nach objektiver Beurteilung der Sachlage zur Zeit der Ablegung des Meineids die Angabe der Wahrheit geeignet gewesen, zu weiteren Fragen zu führen, deren Beantwortung den Zeugen der Gefahr der Strafverfolgung aussetzen konnte, dann ist § 157 Ziff. 1 StrGB. gegeben[21]). Dieser Fall aber liegt hier vor. Hätte Aal die Wahrheit bekannt, dann hätte

---

[19]) Für den Fall, daß bei mehreren unrichtigen Angaben einer einheitlichen Aussage nur bezügl. der Wahrheit einer Angabe die Gefahr der Strafverfolgung bestanden hätte, vgl. Recht 1926 119 Nr. 323 (II. Sen.).

[20]) JW. 55, 2192 Nr. 1 (I. Sen.); vgl. JW. 54, 966 [967] Nr. 12 (I. Sen.).

[21]) JW. 58, 858 Nr. 17 (I. Sen.); DRZ. 1928, 333 Nr. 718 (III. Sen.).

es für den Vernehmungsrichter nahe gelegen, nach dem Grund im Wechsel der Aussage zu forschen und dies hätte leicht zur Frage führen können, ob Aal an dem Vorfall vielleicht selbst beteiligt ist.

$\gamma\gamma$) Dies führt zum zweiten Teil seiner unwahren Angaben, dem Verschweigen seiner eigenen Beteiligung. Daß ihm hierfür § 157 Ziff. 1 StrGB. zugute kommt, bedarf keiner weiteren Ausführung.

$\delta\delta$) § 157 Ziff. 1 StrGB. ist aber auch dann anzuwenden, wenn der Täter, der als Zeuge unter Annahme eines Geschenkangebotes sich zum falschen Schwur bereit erklärt und sich dadurch strafbar gemacht hatte (§ 49 a StrGB.), bei der zeugenschaftlichen Vernehmung falsch geschworen hat, auch wenn das Beweisthema ein anderes als das sich aus § 49 a StrGB. ergebende war[22]). Dies aber ist hier der Fall. Kiel hatte den Aal unter Übergabe eines Geschenkes von 5 *RM* aufgefordert, unter Eid die Unwahrheit zu sagen, also das Verbrechen des Meineides zu begehen. Aal hat unter Annahme der 5 *RM* dies zu tun versprochen. Dieser Sachverhalt begründet im Zeitpunkt der Aussageerstattung, der Leistung des Nacheides, den Tatbestand des § 49 a StrGB.

In allen diesen Fällen ist es für die Anwendung des § 157 Ziff. 1 StrGB. ohne Bedeutung, wenn die Strafermäßigung bei verschiedenen Teilen der Aussage aus verschiedenen rechtlichen Gesichtspunkten eintritt[23]).

Die gesetzliche Strafermäßigung der §§ 158, 157 StrGB. tritt jedoch nur einmal ein[24]). Bei Bemessung der Reduktion innerhalb des durch § 157 gegebenen Rahmens sind jedoch sämtliche Strafermäßigungsgründe zu würdigen[25]).

c) Wenn Aal auch angab, er habe die falsche Aussage gemacht, um Kiel nicht hineinzureiten, so liegt doch strafbare

---

[22]) Recht 1926, 119 Nr. 322 (I. Sen.); JW. 58, 1012 Nr. 15 (I. Sen.).

[23]) Vgl. JW. 58, 256/7 Nr. 12 (FS.).

[24]) JW. 58, 2719 [2750] Nr. 18 (II. Sen.).

[25]) RGSt. Bd. 59, 229 (I. Sen.).

Begünstigung nicht vor. Maßgebend ist nicht, was er als Grund angab, sondern der tatsächliche Zweck seiner Handlung, und der war darauf gerichtet, sich selbst der Strafverfolgung zu entziehen. § 257 StrGB. ist selbst dann nicht anwendbar, wenn er gleichzeitig Kiel begünstigen wollte.

d) α) Der eigene Meineid und die Anstiftung des Natz zum Meineid(sversuch) stehen zueinander im Verhältnis der Tatmehrheit nach § 74 StrGB.[26]).

β) Die oben (II. A 2 b) behandelte Anstiftung zur Begünstigung steht zu diesen Meineidsdelikten in Tatmehrheit nach § 74 StrGB.

3. a) Die strafrechtliche Würdigung der Einwirkung des Kiel auf Aal, selbst falsch zu schwören, hängt davon ab, ob Aal zur Zeit der Einwirkung schon entschlossen war, auch unter Eid falsch zu schwören oder nicht:

α) Ist ersteres der Fall, so hat sich Kiel eines Verbrechens der Meineidsverleitung nach § 159 StrGB. schuldig gemacht; denn die Aussage des Aal sollte nach Vorstellung des Kiel ein Meineid sein (LK. Anm. 3 zu § 159).

β) Im andern Fall hat er sich eines Verbrechens der Anstiftung zu einem Verbrechen des Meineides nach §§ 154, 48 StrGB. schuldig gemacht. Die Strafermäßigung des § 157 Ziff. 1, die dem Aal zugute kommt, kann der Anstifter nach herrschender Ansicht nicht für sich beanspruchen[27]) (LK. Anm. 1 zu § 157, a. M.: Frank).

γ) Eine Anstiftung des Aal zur Selbstbegünstigung kommt nicht in Betracht, mag Kiel die Mitwirkung des Aal gekannt haben oder nicht, da Aal selbst insoweit straflos handelte.

b) Die Einwirkung des Kiel auf Aal, Natz zur Wiederholung der frühern unwahren Angaben unter Eid zu veranlassen stellt

α) ein Verbrechen der Anstiftung zu einem Verbrechen des versuchten Meineides nach §§ 154, 43, 48 StrGB. dar. Die Anstiftung zur Anstiftung ist als Anstiftung zur

---

[26]) RGSt. Bd. 61, 199 [200] (I. Sen.).

[27]) JW. 54, 145 Nr. 5 (IV. Sen.); BayZ. 1927, 253 Nr. II (I. Sen.).

Haupttat zu bestrafen[28]). Der Rücktritt des Natz kommt auch dem Kiel nicht zustatten;

β) durch die gleiche Handlung hat er sich eines Vergehens der Anstiftung zu einem Vergehen der Begünstigung nach §§ 257, 48 StrGB. schuldig gemacht, wenn er Natz für schuldlos hielt. Diese Straftat entfällt jedoch, wenn er Natz für strafbar mitbeteiligt ansah. Dabei macht es in beiden Fällen keinen Unterschied, daß Natz bei der richterlichen Vernehmung an seine Mitschuld nicht glaubte.

c) Die Einwirkung auf Aal, selbst falsch zu schwören und Natz zum gleichen zu veranlassen, stellt eine einheitliche Handlung dar, weshalb LK. Anm. 4 zu § 48 richtig Tateinheit zwischen beiden Delikten annimmt. Im Gegensatz hiezu nimmt das RG., gestützt auf die akzessorische Natur der Teilnahme, Tatmehrheit an, da die erzielten Erfolge in Tatmehrheit stehen (s. o. II. B 2 d α) (LK. Anm. 4 zu § 48).

III.

1. Die Wegnahme der 20 *RM* aus dem verschlossenen Schrank erfüllt den Tatbestand der §§ 242, 243 Ziff. 3 StrGB.; Nachschlüssel ist auch der Schlüssel, der nach dem Willen des Berechtigten nicht mehr zur ordnungsmäßigen Eröffnung eines Behältnisses bestimmt ist (LK. Anm. 1 zu Ziff. 3 des § 243). Die Zueignungsabsicht ist auch eine rechtswidrige; angesichts des schlechten Verhältnisses zwischen den Ehegatten hat die Marie Schiel nicht damit gerechnet, daß ihr Ehemann mit einer auch nur vorübergehenden Aneignung des Geldes einverstanden sei, selbst wenn sie zur Ersatzleistung willens und in der Lage ist (vgl. Olsh. Anm. 34 zu § 242). Marie Schiel bleibt als Ehefrau jedoch gemäß § 247 Abs. 2 StrGB. straflos.

2. Kiel hat sich durch Annahme der 20 *RM* eines Vergehens der Hehlerei nach § 259 StrGB. schuldig gemacht. Er hat das Geld an sich gebracht. Ansichbringen bedeutet nichts anderes als die gewollte Übernahme in die eigene Verfügungsgewalt, um nach eigenen Zwecken über die Sache

---

[28]) Vgl. RGSt. Bd. 59, 396 (II. Sen.)

zu verfügen (Olsh. Anm. 10 a zu § 259). Die Begründung einer Mitverfügungsgewalt mit dem Vortäter genügt (Olsh. Anm. 10 b zu § 259). Daß derjenige, der die gestohlene Sache an sich bringt, in einer mit dem Vorbesitzer verabredeten Art darüber verfügt, steht dem nicht entgegen. Dies würde nur dann der Fall sein, wenn Kiel lediglich als Besitzdiener an Weisungen gebunden einen bestimmten Auftrag ausführen und den Rest des Geldes zurückerstatten würde. Dann könnte von einer Übernahme in eigne Verfügungsgewalt nicht gesprochen werden. Kiel aber tritt selbständig neben Schiel und verfügt aus eigner Machtvollkommenheit über das Geld. Er handelt auch seines Vorteils wegen. Der Vorteil braucht kein Vermögensvorteil zu sein; es genügt zwar nicht jedes persönliche Interesse an dem Besitz der Sache und der damit verbundenen Möglichkeit des bestimmungsgemäßen Gebrauchs; der Vorteil muß vielmehr noch darüber hinaus in einer sonst irgendwie günstigeren Gestaltung der äußeren Lebensverhältnisse gesucht werden[29]). Seines Vorteils wegen hat der Täter dann gehandelt, wenn er gewußt hat, daß diese günstigere Gestaltung seiner äußeren Lebensverhältnisse nur durch die mittels strafbarer Vortat erlangte Sache erreichbar ist[30]) und diese Vorstellung Triebfeder seines Handelns sein ließ. Die Erlangung von Geldmitteln zur Verwirklichung von Plänen, die auf andere Weise, ohne dieses Geld, nicht verwirklicht werden könnten, ist aber eine solche günstigere Gestaltung der äußeren Lebenslage. Der Vorteil braucht auch kein unmittelbarer, er kann ein mittelbarer sein (Olsh. Anm. 19 letzt. Abs. zu § 259). Hätte er dieses Geld nicht erhalten, hätte er Arsenik nicht kaufen können. Daß er die strafbare Herkunft des Geldes gekannt hat, bedarf keines Beweises. Es wäre ein unbeachtlicher Strafrechtsirrtum, wenn er angenommen hätte, eine strafbare Handlung liege deshalb nicht vor, weil die Ehefrau die Täterin ist. Ihre Eigenschaft als Ehefrau ist höchstpersönlicher Strafausschließungsgrund.

---

[29]) RGSt. Bd. 58, 122 (I. Sen.).
[30]) JW. 53, 1527 Nr. 8 (I. Sen.).

3. Das von Biller fälschlich angefertigte Zeugnis ist eine öffentliche inländische Urkunde i. S. des § 267 StrGB. Der Begriff der öffentlichen Urkunde erfordert nicht nur, daß sie von einer öffentlichen Behörde aufgenommen und ausgestellt ist, sondern auch, daß diese innerhalb der Grenzen ihrer Amtstätigkeit gehandelt hat. Dies trifft stets dann zu, wenn die Behörde in dem ihr besonders zugewiesenen, andern Behörden verschlossenen, engeren Wirkungskreis tätig geworden ist. Dieses besondere Aufgabengebiet braucht nicht durch ausdrückliche Vorschrift zugewiesen zu sein; es genügt, daß zur Erfüllung der fraglichen Obliegenheit die Behörde ihrem Wesen nach unmittelbar berufen ist [31]). Dies trifft hier zu. Nach § 367 Ziff. 3 StrGB. ist strafbar, wer ohne polizeiliche Erlaubnis Gift verkauft. Die Regelung des Verkehrs mit Gift ist somit eine polizeiliche Angelegenheit. Die Ausstellung von Erlaubnisscheinen zum Bezug von Gift, als solcher stellt das Zeugnis sich dar, fällt somit in die Grenzen der Amtstätigkeit der Gemeindeverwaltung als Polizeibehörde. Eine öffentliche Urkunde liegt aber nur dann vor, wenn sie den hiefür maßgebenden Formvorschriften genügt. Sind besondere Formvorschriften nicht gegeben, so ist die übliche Form einzuhalten [31]). Dies ist hier geschehen. Unterschrift und Siegel sind in solchen Fällen amtsüblich und hier angebracht.

Kiel hat sich eines Vergehens der einfachen Urkundenfälschung nach § 267 StrGB. schuldig gemacht; er hat die Fälschung selbst veranlaßt und die nötigen Anweisungen über den Inhalt des zu fälschenden Schriftstückes gegeben; er ist mittelbarer Täter und hat sich des Biller als Werkzeug bedient; er hat dann von der Urkunde zum Zwecke der Täuschung Gebrauch gemacht. Er hat in rechtswidriger Absicht gehandelt, sowohl bei der Herstellung, wie beim Gebrauchmachen; er wollte mit der Urkunde im Rechtsleben täuschen, bei dem Drogisten den Anschein erwecken, als sei das Zeugnis echt, er könne daraufhin ohne gegen gesetzliche Bestimmungen zu verstoßen, das Arsen hergeben.

---

[31]) DRZ. 1929, 168 [169] Nr. 405 (III. Sen.).

Das straferhöhende Merkmal des § 268, Absicht einem andern Schaden zuzufügen, liegt nicht vor. Die Schadenzufügung muß mindestens durch das Gebrauchmachen unmittelbar erfolgen. Dies ist aber nicht der Fall. Daß im weitern Fortgang der Ereignisse die Urkundenfälschung mit ein Hilfsmittel war, um den schädigenden Erfolg herbeizuführen, genügt nicht.

Viller hat sich eines Vergehens der Beihilfe zu einem Vergehen der Urkundenfälschung nach §§ 267, 49 StrGB. schuldig gemacht. Sein Interesse an der Tat ging nicht über die Herstellung der falschen Urkunde hinaus, um die 5 *RM* zu verdienen. Er wußte aber, daß Kiel die fälschlich angefertigte Urkunde zum Zwecke der Täuschung gebrauchen werde; durch seine Tätigkeit hat er dies erst ermöglicht.

Die Anstiftung des Viller durch Kiel zu dieser Beihilfe geht in der Haupttat auf. Die geringere Teilnahmeform wird von der höheren konsumiert.

4. a) Viller hat dadurch, daß er von seiner Kenntnis von dem Vorhaben von Kiel, den Ehemann Schiel zu ermorden, der Polizeibehörde keine Mitteilung machte, sich eines Vergehens nach § 139 StrGB. schuldig gemacht. Die Mitteilung des Kiel war so, daß er sie als den wahren Absichten des Kiel entsprechend, also glaubhaft erachtete. Durch rechtzeitige Anzeige wäre das Verbrechen verhütet worden, denn Kiel und Schiel hätten sehr rasch verhaftet werden können, bevor sie mit der Ausführung ihres Vorhabens begonnen haben.

b) Kiel hat den Viller hiezu angestiftet, §§ 139, 48 StrGB. Viller war noch keineswegs ganz entschlossen, über das Erfahrene zu schweigen; dadurch, daß ihm eine Belohnung in Aussicht gestellt wurde, ließ er sich dazu bewegen.

5. Schiel und Kiel haben sich eines gemeinschaftlich begangenen Verbrechens des Versuchs zu einem Verbrechen des Mordes nach §§ 211, 43, 47 StrGB. schuldig gemacht. Sie haben in bewußtem und gewolltem Zusammenwirken auf das gleiche Ziel hingearbeitet; sie haben die Tötung des Ehemanns Schiel mit Überlegung ausgeführt. Daß das

angewandte Mittel relativ untauglich war und deshalb das Vorhaben nicht zur Vollendung kommen konnte, steht der Annahme eines strafbaren Versuchs nicht entgegen[32]).

6. Kiel und Marie Schiel haben sich je eines Vergehens des Ehebruchs nach § 172 StrGB. durch die Fortsetzung des Geschlechtsverkehrs nach der Verheiratung der Marie Schiel schuldig gemacht. Die Strafverfolgung ist jedoch nur zulässig, wenn die Ehe wegen dieses ehebrecherischen Verkehrs geschieden worden ist (Olsh. Anm. 6 u. 8 zu § 172). Die Strafverfolgung tritt jedoch nur auf Antrag des Ehemannes Schiel ein: § 172 Abs. 2 StrGB.

[32]) RGSt. Bd. 59, 1 (II. Sen.).

Staatsprüfung 1926 Herbst, I. 10.

A.

1. Beschluß der Strafkammer Felden vom 5. April 1926.

Wenn auch der Amtsgerichtsbezirk Gunzheim mit Wirkung vom 1. April 1926 vom Landgerichtsbezirk Felden abgetrennt und dem Landgerichtsbezirk Bergstadt zugeteilt worden ist, so war doch die StrK. des LG. Felden auch nach dem 31. März 1926 noch zuständig und befugt, gemäß § 198 Abs. 1 StrPO. darüber zu entscheiden, ob das Hauptverfahren zu eröffnen oder der Angeschuldigte außer Verfolgung zu setzen sei. Die Zuständigkeit ist gegeben, wenn die Zuständigkeit z. Zt. der Erhebung der Klage gegeben war, und dauert unbeschadet organisatorischer Änderungen in der Gerichtszugehörigkeit des Tatortes bis zur rechtskräftigen Erledigung der anhängigen Strafsache weiter[1]). Als aber der StA. am 10. November 1925 durch Antrag auf gerichtliche Voruntersuchung Klage erhob (§ 170 StrPO.) gehörte Gunzheim noch zum LG. Felden.

2. Wiederaufnahme des Verfahrens durch StA. Felden.

a) Für eine Wiederaufnahme der Klage (§ 211 StrPO.) waren die sachlichen Voraussetzungen gegeben. Die Feststellung, daß Zündler ungefähr zwei Wochen vor dem Brand einen Schrank aus dem Hause geschafft und dann gleichwohl bei der Versicherungsgesellschaft zum Ersatz angemeldet hat, ist eine gegenüber dem aus tatsächlichen Gründen mangelnder Überführung ergangenen Beschluß der StrK. Felden vom 5. April 1926 erhebliche Tatsache, die z. Zt. jenes Beschlusses dem erkennenden Gericht noch nicht bekannt war; und ist geeignet, im Zusammenhalt mit andern Feststellungen zu einer andern Beurteilung der Tatfrage zu führen (Löwe Anm. 3 zu § 211).

[1]) JW. 55, 2451 Nr. 1 (BayObLG.).

b) Dagegen war der StA. Felden nicht mehr zuständig, die öffentliche Klage (§ 170 StrPO.) zu erheben. Mit der Rechtskraft des Beschlusses der StrK. Felden vom 5. April 1926 war das durch Klageerhebung vom 25. November 1925 eingeleitete Verfahren vollkommen in sich abgeschlossen, und alle Wirkungen der Rechtshängigkeit waren beendet; irgendwelche Nachwirkungen für die Wiederaufnahme der Klage hat die früher gegebene Zuständigkeit nicht. Die Wiederaufnahme der Klage gemäß § 211 gehorcht in allen Stücken den Bestimmungen der StrPO., die für die Einleitung eines Verfahrens überhaupt gegeben sind. Demgemäß war zur Klageerhebung vom 1. Juni 1926 gemäß § 143 Abs. 1 GVG. und §§ 7 u. 8 StrPO. der StA. beim LG. Bergstadt allein zuständig.

Der Antrag entsprach auch nicht den Vorschriften des § 179 StrPO., er mußte neben dem Beschuldigten die ihm zur Last gelegte Tat bezeichnen. Letzteres kann jedoch nicht in der Art geschehen, daß, wie hier, lediglich auf einen in einem abgeschlossenen Verfahren gestellten Antrag Bezug genommen wird. Ein solches Verfahren ist keine Bezeichnung der Tat, sondern nur die nur dem Eingeweihten verständliche Bezeichnung der Stelle, an der die Tat einmal beschrieben worden ist. Bezeichnung der Tat erfordert aber die Angabe der Umstände, in denen eine strafbare Handlung erblickt wird.

c) Der Antrag des StA. vom 1. Juni 1926 war wegen Unzuständigkeit des Gerichts abzulehnen; die Ablehnung konnte aber nur durch einen Beschluß des Gerichtes, d. i. der Strafkammer erfolgen (§ 180 Abs. 1 StrPO.).

Der Inhalt der Begründung des Beschlusses des Untersuchungsrichters vom 2. Juni 1926 ist unzutreffend. Die Frage der Zuständigkeit des LG. Felden zum Erlaß des Beschlusses vom 5. April 1926 wurde oben schon behandelt. Es ist schon aus diesem Grunde der Beschluß vom 5. April 1926 nicht wirkungslos oder nichtig, mit der Folge, daß das Verfahren noch anhängig sei und nur weitergeführt zu werden brauche. Das geltende Strafprozeßrecht kennt nach herrschender Lehre keine absolut nichtigen gerichtlichen Entscheidungen, sondern nur mängelbehaftete, anfechtbare Entscheidungen (vgl. Löwe, Note 33 vor § 151 StrPO.). Im übrigen kennt die StrPO. den Übergang gerichtshängiger Sachen in gleicher Prozeßlage von einem Gericht an ein anderes Gericht gleicher Ordnung, aber anderer örtlicher Zuständigkeit nur unter bestimmten Voraussetzungen, wie z. B. bei Verbindung nach § 13 Abs. 2 StrPO., der obergerichtlichen Bestimmung nach § 15 StrPO. oder Zurückverweisung durch das RG. nach § 354 Abs. 2 StrPO. Eine einfache Abgabe der Sache vom LG. Felden an das LG. Bergstadt aus Anlaß der Änderung der Grenzen des Landgerichtsbezirks wäre deshalb unzulässig gewesen.

d) Gegen die Verfügung des Untersuchungsrichters Felden vom 2. Juni 1926 wäre dem StA. Felden die fristlose Beschwerde nach § 304 Abs. 1 StrPO. zugestanden, mit dem Ziele, die Entscheidung der nach § 180 Abs. 1 StrPO. allein zuständigen Strafkammer Felden herbeizuführen. § 183 StrPO. kommt nicht in Betracht, da keine Entscheidung des Gerichts vorliegt.

Da die Strafkammer jedoch im Ergebnis zu keiner andern Entscheidung hätte kommen können, war es angezeigt, die Akten ohne weiteres dem StA. Bergstadt zur zuständigen Behandlung zu übersenden.

3. Vorlage der Akten durch StA. Bergstadt an Strafkammer Bergstadt.

Die Akten mit einer Darlegung seiner Rechtsansicht der Strafkammer Bergstadt vorzulegen, war unrichtig. Die Vorlage ging offensichtlich von der irrigen Ansicht aus, als könne die StrK. Bergstadt über einen Antrag des StA. Felden entscheiden. Dies ist jedoch unzulässig. Aus dem Behördenaufbau und den Bestimmungen der §§ 141 ff. GVG. ergibt sich, daß das Gericht nur über den Antrag eines für den Bezirk des Gerichts zuständigen StA. entscheiden kann, sofern nicht ein Fall des § 162 StrPO. vorliegt. Da sowohl für den LG.-Bezirk Felden wie für den LG.-Bezirk Bergstadt ein eigner StA. bestellt ist, darf die

StrK. Bergstadt nur auf einen Antrag des StA. Bergstadt sachlich eingehen.

Der StA. Bergstadt hätte die Wiederaufnahme der Klage durch Antrag beim Untersuchungsrichter Bergstadt auf Eröffnung der Voruntersuchung gegen Zündler betreiben müssen (Löwe, Anm. 4 zu § 211).

4. Beschluß der Strafkammer Bergstadt.

a) Der Tenor der Entscheidung ist hinsichtlich seiner Formulierung wie seines Inhaltes zutreffend. Die Strafkammer Bergstadt war, wie sich aus den obigen Ausführungen ergibt, nicht zuständig, um über Ergebnisse einer beim LG. Felden geführten Voruntersuchung zu befinden. Die Frage der Zuständigkeit war vorab zu prüfen und zu entscheiden, bevor auf die Frage einzugehen und zu prüfen war, ob überhaupt noch über ein Ergebnis einer abgeschlossenen Voruntersuchung zu entscheiden ist. Ebenso war die StrK. Bergstadt nicht zuständig, über einen Antrag des StA. Felden, worunter der „Antrag d. StA. v. 1. Juni 1926" zu verstehen ist, zu entscheiden.

Die Begründung dieser Entscheidung ist in Satz 1 zutreffend, wie oben schon ausgeführt. Im übrigen liegen die Gründe, aus denen auf den staatsanwaltlichen Antrag nicht einzugehen war, nicht so ohne weiteres klar auf der Hand, als daß sich die Strafkammer ihrer Darlegung hätte überhoben erachten dürfen. Außer den oben angeführten Gründen der Nichtzuständigkeit wäre die StrKammer, wenn ein formgerechter Antrag eines örtlichen Staatsanwaltes auf Eröffnung der Voruntersuchung vorgelegen hätte, schon deshalb nicht zuständig, weil zur Eröffnung der Voruntersuchung nicht die Strafkammer, sondern der Untersuchungsrichter zuständig ist. Die Begründung ist aber auch insoweit unrichtig, als sie die innere Ordnungsmäßigkeit des Antrags des StA. Felden vom 1. Juni 1926 behauptet, was nicht der Fall ist, wie oben schon ausgeführt wurde.

b) Es war jedoch nicht richtig, auf die Vorlage der Akten durch die StA. hin einen förmlichen Beschluß der Strafkammer Bergstadt herbeizuführen. Ein Beschluß im rechtstechnischen Sinne auch der §§ 180, 183 StrPO. setzt einen Antrag des örtlich zuständigen StA. voraus. Von Amts wegen wird das Gericht hinsichtlich der Eröffnung oder Nichteröffnung einer Voruntersuchung nicht tätig. Dies ergibt sich aus dem Anklagemonopol der StA. (§ 151 StrPO.). Ein Antrag der StA. Bergstadt lag aber nicht vor, sondern lediglich die Mitteilung einer Rechtsansicht, und der Antrag des StA. Felden vom 1. Juni 1926 entsprach nicht den Erfordernissen eines Antrags auf Voruntersuchung, wie oben dargelegt wurde, die aber gegeben sein sein müssen, um die Strafkammer zu einer Stellungnahme zu zwingen. Der Vorsitzende der Beschlußkammer hätte deshalb auf Grund seiner Sachleitungsbefugnis die Akten an die StA. Bergstadt zurückgeben sollen, unter Darlegung der Rechtslage, mit dem Anheimgeben anderweitiger entsprechender Antragstellung.

5. Vorlage der Akten an den OStaatsanwalt Friedenheim.

Sie war unrichtig; auch vom Standpunkt des StA. Bergstadt aus, der gemäß § 19 StrPO. die Bestimmung des zuständigen Gerichts herbeiführen wollte. Die Anwendbarkeit dieser Vorschrift hat zwei unanfechtbare Beschlüsse zur Voraussetzung, durch die zwei Gerichte ihre Unzuständigkeit ausgesprochen haben. Gegen den Beschluß des Untersuchungsrichters Felden ist aber immer noch die fristlose Beschwerde gegeben, wie oben ausgeführt wurde, ganz abgesehen davon, daß in diesem Falle keine Entscheidung des Gerichtes, sondern des Untersuchungsrichters vorliegt. Aber auch bezüglich der Entscheidung der Strafkammer Bergstadt sind die Voraussetzungen des § 19 nicht gegeben; denn die StrK. Bergstadt hat nicht ausgesprochen, daß das LG. Bergstadt unzuständig sei, die Voruntersuchung gegen Zündler zu führen, sondern hat lediglich erklärt, weder über Ergebnisse einer beim LG. Felden geführten Voruntersuchung, noch über einen (angeblichen) „Antrag“ der StA. Felden entscheiden zu können.

Der OStA. Friedenheim wird den StA. Bergstadt anweisen (§ 146 GVG.), öffentliche Klage durch einen dem

§ 179 genügenden Antrag auf Eröffnung der Voruntersuchung gegen Zündler beim Untersuchungsrichter Bergstadt zu erheben.

B.

I.

1. Erwirken des Haftbefehls, Anklage, Eröffnungsbeschluß.

Der StA. Felden war nicht befugt, beim AG. Gunzheim, das seit 1. April 1926 nicht mehr zum LG.-Bezirk Felden gehörte, Haftbefehl zu erwirken.

Der StA. Felden war aus den gleichen Gründen auch nicht zuständig zur Erhebung der Klage beim AG. Gunzheim. OAR. Richter hätte deshalb unter Hinweis darauf, daß der StA. Felden örtlich nicht zuständig sei, die Anklage zurückgeben und die Eröffnung des Hauptverfahrens ablehnen müssen. Denn die Eröffnung des Hauptverfahrens setzte eine Anklageschrift des örtlich zuständigen StA. voraus.

2. Ablehnung des OAR. Richter.

Die Strafkammer (§ 27 Abs. III) hat das formell zulässige (§ 24 Abs. I), zeitlich rechtzeitige (§ 25), in der Form richtige (§ 26 Abs. I) Ablehnungsgesuch zutreffend für unbegründet erklärt. Aus dem Umstand, daß ein Richter sich durch sachliche Befassung mit einem Straffall ein vorläufiges Urteil über die Schuld oder Nichtschuld des Angeklagten gebildet hat, leitet das Gesetz grundsätzlich keinen Verdacht gegen die Unbefangenheit des Richters ab [2]). Dies muß mit Notwendigkeit daraus gefolgert werden, daß das Gesetz andernfalls Vorsorge getroffen hätte, daß der das Hauptverfahren eröffnende Richter nicht auch bei der Hauptverhandlung mitwirkt. Denn die Befassung mit der Anklage vor der Entscheidung über die Eröffnung der Hauptverhandlung zwingt den Richter geradezu, sich ein vorläufiges Urteil über die Schuld oder Nicht-Schuld des Angeschuldigten zu bilden. Kann aber schon diese intensivste Form der vorläufigen Urteilsbildung nicht geeignet sein, vom Standpunkt des An-

---

[2]) RGSt. Bd. 60, 322 [324/5] (III. Sen.)

geklagten Mißtrauen gegen die Unparteilichkeit des Richters zu begründen, so ist die viel losere Beschäftigung mit dem Klagegegenstand im Rahmen eines andern Strafverfahrens hiezu noch viel weniger geeignet.

OLR. Richter ist auch nicht gemäß § 23 Abs. II StrPO. von der Entscheidung ausgeschlossen. Die Voruntersuchung gegen Zündler wegen Brandstiftung und das Verfahren gegen Zipperer wegen Verleitung zum Meineid sind nicht dieselbe Sache i. S. des § 23 Abs. II. Der Untersuchungsrichter hat die Voruntersuchung „in der Sache" nur dann geführt, wenn sie nicht nur die gleiche Tat betraf, sondern auch gegen die gleiche Person eröffnet und geführt wurde, gegen die das Verfahren vor dem erkennenden Gericht geht. Die „Sache" i. S. des § 23 Abs. II bedeutet somit regelmäßig das Strafverfahren, welches die Verfolgung derselben Straftat gegen dieselbe Person zum Gegenstand hat[3]).

3. Durchführung der Berufungsverhandlung.

a) Die Hauptverhandlung durfte nicht ohne den notwendigen Verteidiger durchgeführt werden (§ 338 Abs. 1 Ziff. 5 StrPO.).

Die Verteidigung war notwendig gemäß § 140 Abs. III StrPO., da ein Verbrechen (nach § 159 StrGB.) den Gegenstand der Untersuchung bildete, und der Beschuldigte die Bestellung eines Verteidigers beantragt hatte.

Da die Notwendigkeit der Verteidigung durch die freie Willensentschließung des Angeklagten bedingt ist, kann der Angeklagte auf den Verteidiger auch wieder verzichten, mit der Wirkung, daß die Hauptverhandlung ohne den Verteidiger stattfinden kann, die Notwendigkeit der Verteidigung entfällt. Ein solcher Verzicht liegt aber nicht vor, weder ein ausdrücklicher noch ein durch schlüssige Handlung erklärter. Zum Verzicht genügt ein rein negatives Verhalten, ein Schweigen, nicht, wenn das negative Verhalten seinen Grund sehr wohl in der aus der Unkenntnis der Gesetze herzuleitenden Annahme finden kann, daß weitere Schritte er-

---

[3]) RGSt. Bd. 62, 314 [317] (I. Sen.).

folglos bleiben würden[4]). Ist auch nur anzunehmen, daß der Angeklagte über seine prozessualen Rechte, die sich für ihn aus einem prozeßordnungswidrigen Vorgang ergeben, nicht im klaren ist, so kann, da ein Verzicht nur eine bewußte Aufgabe der Rechte sein kann, ein Verzicht nicht angenommen werden[5]). Der Erwiderung des Zipperer, der mit seiner Vorführung betraute Schutzmann habe ihm schon mitgeteilt, daß Keil gestorben sei, kann aber kein Anhaltspunkt dafür entnommen werden, daß Zipperer sich seines Rechts, die Bestellung eines andern Verteidigers und allenfalls die Aussetzung der Hauptverhandlung zu diesem Zweck zu verlangen, bewußt gewesen sei und daß er bewußt auf die Verbeistandung durch einen Verteidiger habe verzichten wollen.

b) Die Beeidigung des Huber war unzulässig, da Huber Teilnehmer an der dem Zipperer zur Last gelegten strafbaren Handlung i. S. des § 57 Ziff. 3 StrPO. ist. Teilnehmer i. S. des § 57 Ziff. 3 ist nicht nur der, dessen Tun im Verhältnis zum Beschuldigten unter §§ 47 ff. StGB. fällt, sondern jeder, der in strafbarer Weise bei dem fraglichen Vorgang in derselben Richtung wie der Beschuldigte mitgewirkt hat[6]). Tat i. S. des § 57 Ziff. 3 bedeutet nicht lediglich den gesetzlichen Tatbestand der dem Beschuldigten zur Last gelegten strafbaren Handlung, sondern den ganzen Vorgang, innerhalb dessen der Tatbestand verwirklicht wurde[6]). Huber hat sich nun durch Vermittlung des Zipperer dem Zündler erboten, gegen Zahlung von 100 *RM* vor Gericht unter Eid unwahre Angaben über den Schrank zu machen. Er hat durch dieses freiwillige Angebot in der gleichen Richtung gewirkt, in der das Bestreben des Zipperer ging, zu erreichen, daß Huber unter Eid wissentlich falsche Aussagen macht. Er ist somit als Teilnehmer i. S. des § 57 Ziff. 3 StrPO. zu erachten, denn durch sein Verhalten hat er sich eines Vergehens nach § 49a StrGB. schuldig gemacht.

---

[4]) RGSt. Bd. 42, 95 [96/97] (III. Sen.).

[5]) Vgl. RGSt. Bd. 1, 210 [212] (III. Sen.); Bd. 53, 106 [108] (III. Sen.); Bd. 61, 104 [106/7] (III. Sen.).

[6]) RGSt. Bd. 57, 157 (VI. Sen.); vgl. auch Fumian in BayZ. 1926, 4.

Huber hat sich zur Leistung eines Meineides erboten und hat dieses Erbieten an die Gewährung einer Belohnung geknüpft. Durch Vermittlung des Zipperer wurde dieses Angebot dem Zündler, in dessen Interesse es erfolgte, überbracht und von Zündler angenommen. Dies erfüllt zu Lasten des Huber den Tatbestand des § 49 a StrGB.

c) Der Aussetzungsantrag (§ 228 Abs. 1 StrPO.) hätte vor Verkündung des Urteils ausdrücklich verbeschieden werden müssen (Löwe Anm. 2 zu § 228), da er in erster Linie gestellt war. Das stillschweigende Übergehen des Antrags war keine Verbescheidung. Können auch Entscheidungen, die wie die vorliegende keiner Begründung bedürfen, da sie dem freien, wenn auch rechtlich gebundenen Ermessen des Gerichts unterliegen, unter Umständen durch schlüssiges Verhalten getroffen werden, so setzt eine solche Verbescheidung eines Antrags doch voraus, daß das Ergebnis der gerichtlichen Willensentschließung dem Antragsteller erkennbar geworden ist, und zwar bevor durch eine, das Verfahren in der Instanz zum Abschluß bringende Entscheidung es dem Antragsteller unmöglich gemacht wird, weitere Anträge in der Instanz zu stellen. Einer ausdrücklichen Verbescheidung des Aussetzungsantrags vor der Urteilsverkündung hätte es nur dann nicht bedurft, wenn das Gericht dem Hilfsantrag stattgegeben hätte; denn in diesem Falle wäre die vorangehende Entscheidung überflüssig gewesen, der Antragsteller hätte endgültig erreicht gehabt, was er durch den Aussetzungsantrag nur vorläufig erstrebte, nämlich von einer Verurteilung in der Berufungsinstanz frei zu bleiben. Überflüssige Entscheidungen aber sind vom Standpunkt der Prozeßökonomie aus unrichtig.

d) Die Befragung des Angeklagten nach seiner Stellungnahme zu dem Beschluß der StrK. v. 27. Juni 1926, durch den die Ablehnung des OAR. Richter für unbegründet erklärt worden war, war überflüssig. Ob dieser Beschluß und die durch ihn bedingte Besetzung des Gerichts erster Instanz im Hinblick auf die erfolgte, aber von der Beschlußkammer für unbegründet erklärte Ablehnung des erkennenden Richters erster Instanz geeignet war, die Entscheidung der erkennenden Strafkammer zu beeinflussen, hatte die Strafkammer von Amts wegen zu prüfen, ohne hiebei an Anträge oder Rügen des Angeklagten gebunden zu sein. Dies ergibt sich aus dem Aufbau des Berufungsverfahrens, im Zusammenhalt mit § 328 Abs. 2 StrPO. Das Berufungsgericht hat wie das Gericht erster Instanz auf erhobene Klage hin gemäß § 155 Abs. 2 StrPO. von Amts wegen tätig zu werden. Dieses Offizialprinzip ist auch auf die in § 328 Abs. 2 StrPO. behandelte Nachprüfung des Verfahrens erster Instanz zu erstrecken. Ist dies auch im Gesetz nicht ausdrücklich gesagt, so ergibt sich das doch aus dem Grundgedanken des Berufungsverfahrens im Gegensatz zum Revisionsverfahren, das im § 344 Abs. 2 StrPO. ausdrücklich vorschreibt, daß der Beschwerdeführer, der Verfahrensverstöße geltend machen will, diejenigen Tatsachen, aus denen er einen Verfahrensverstoß herleitet, ausdrücklich angeben muß. Gibt deshalb Abs. 3 des § 328 StrPO. dem Berufungsgericht die Befugnis der Zurückverweisung, sofern das Verfahren der Vorinstanz an einem die Revision wegen Verletzung einer Verfahrensvorschrift rechtfertigenden Mangel leidet, so besagt diese Vorschrift gleichzeitig, daß das Berufungsgericht von Amts wegen zu prüfen hat, ob zu einer solchen Zurückverweisung Anlaß besteht. Die Strafkammer des Landgerichts wird an einer Prüfung und Entscheidung der Frage, ob die Ablehnung des OAR. Richter zu Recht erfolgt ist, auch dadurch nicht gehindert, daß zuvor die Beschlußkammer des gleichen Gerichtes die Ablehnung für unbegründet erklärt hat. Die Entscheidung der Beschlußkammer ist nicht präjudiziell für die Entscheidung der Strafkammer[7]).

Die Frage war auch nicht unter dem Gesichtspunkt des Verzichtes auf die Rüge eines allenfallsigen Verfahrensverstoßes erforderlich. Da es von dem Belieben des Angeklagten abhängt, einen Richter abzulehnen, so steht es ihm an und für sich auch frei, eine Ablehnung wieder zurückzuziehen. Infolgedessen könnte der Angeklagte auch in der höhern In-

[7]) JW. 55, 2189 Nr. 1 = RGSt. Bd. 60, 111 (I. Sen.); vgl. auch RGSt. Bd. 59, 241 (II. Sen.).

stanz vor dem Berufungsgericht auf einen aus unbegründeter Verwerfung eines Ablehnungsantrages herzuleitenden Rechtsanspruch auf Beachtung dieses Verfahrensverstoßes durch das BG. verzichten. Dem steht nicht entgegen, daß das Gericht einen Verfahrensverstoß von Amts wegen zu berücksichtigen hat. Zu berücksichtigen ist ein solcher Verstoß nur, sofern der Angeklagte dadurch beschwert ist. Eine Beschwerung kann aber da, wo lediglich eine Willensentschließung des „Beschwerten" zur prozessualen Anerkennung einer Beschwerung geführt hat, dann nicht mehr angenommen werden, wenn der Beschwerte erklärt hat, sich nicht mehr beschwert zu fühlen. Im vorliegenden Falle war aber für einen „Verzicht" kein Raum, da eine Beschwerung des Angeklagten nicht vorlag; denn wie bereits oben ausgeführt wurde, war die Ablehnung mit Recht für unbegründet erklärt worden.

II.

Zipperer kann die Revision mit Erfolg auf folgende Prozeßrechtsverstöße stützen:

1. Verhandlung in Abwesenheit des notwendigen Verteidigers. Dieser Verfahrensmangel ist ein absoluter Revisionsgrund: § 328 Ziff. 5 StrPO.

2. Vorschriftswidrige Beeidigung des Huber.

Dieser Verfahrensverstoß unterliegt nur insoweit der revisionsrichterlichen Nachprüfung, als die Nichtanwendung des § 57 Ziff. 3 StrPO. von einem Rechtsirrtum des Gerichts beeinflußt ist; im übrigen ist die Frage, ob ein Zeuge als Teilnehmer zu erachten ist, Sache des pflichtgemäßen richterlichen Ermessens und insoweit irrevisible Tatfrage. Dieser Verfahrensverstoß ist dann von Rechtsirrtum beeinflußt, wenn erhebliche Zweifel bestehen, ob sich das Gericht des Bestehens einer bestimmten, anwendbaren Vorschrift und ihrer Auslegung bewußt war. Solche Zweifel bestehen aber hier. Durch die Beweisaufnahme hat das Gericht einwandfrei den Tatbestand des § 49 a StrGB. zum Nachteil des Huber festgestellt; es bestehen jedoch erhebliche Zweifel, ob das Gericht sich bewußt wurde, daß dieser Sachverhalt den Tatbestand des § 49 a StrGB. erfüllt, und es bestehen weitere Zweifel, ob das Gericht sich bewußt war, daß der Täter nach § 49 a StrGB. in diesem Falle als Teilnehmer i. S. des § 57 Ziff. 3 StrPO. zu erachten ist, ob es sich endlich bewußt war, daß Teilnehmer i. S. des § 57 Ziff. 3 StrPO. nicht vereidigt werden dürfen.

Das Urteil beruht auch auf diesem Verfahrensverstoß (§ 337 StrPO.). Das Beruhen ist nicht dahin aufzufassen, daß es darauf ankomme, ob ohne den Verfahrensmangel gerade das vorliegende Urteil ergangen wäre, sondern dahin, ob ein unter Einhaltung der Verfahrensvorschrift ordnungsgemäß durchgeführtes Verfahren zu demselben Ergebnis geführt haben würde[8]). Das Gericht hat nun in seinem Urteil die Überführung des Zipperer als durch die eidliche Aussage des Huber erreicht bezeichnet und sein Urteil ersichtlich auf die eidliche Aussage gestützt. Bei dieser Fassung muß die Frage offen bleiben, ob das Gericht zu demselben Ergebnis gekommen wäre, auch wenn es die Aussage des Huber als uneidliche zu würdigen gehabt hätte.

Wegen der Verstöße zu 1 und 2 wäre das Urteil aufzuheben und zurückzuverweisen.

Die Nichtverbescheidung des Aussetzungsantrags ist zwar ein Verfahrensverstoß, aber das Urteil beruht nicht auf ihm. Der absolute Revisionsgrund des § 338 Ziff. 8 StrPO. liegt nicht vor. Ist ein Beweisantrag übergangen, und ein solcher liegt hier vor, dann greift nicht § 338 Ziff. 8 StrPO. Platz, sondern es ist gemäß § 337 StrPO. zu prüfen, ob nach Sachlage das Urteil auf dem Übergehen des Beweisantrages beruht[9]). Im vorliegenden Fall ist aber nicht anzunehmen, daß das gleiche Verfahren bei rechtzeitiger Ablehnung des Aussetzungsantrags zu einem andern Ergebnis geführt hätte. Ob letzteres der Fall ist, ist darnach zu beurteilen, ob sich der Angeklagte mit andern Mitteln hätte verteidigen können als geschehen ist[8]), und ob die Anwendung dieser Mittel zu einem andern Ergebnis

[8]) RGSt. Bd. 61, 353 [354] (I. Sen.) = JW. 57, 2260/61 Nr. 60.

[9]) JW. 58, 1046 Nr. 54 (I. Sen.); vgl. aber RGSt. Bd. 57, 263 (I. Sen.).

hätte führen können. Wie jedoch die Ausführungen des Angeklagten beim Schlußwort ergeben, schwebte ihm als letzte Verteidigungsmöglichkeit der Gedanke vor, er könne nicht verurteilt werden, wenn das Strafverfahren gegen Zipperer wegen Brandstiftung und Versicherungsbetrug zu einer Verurteilung nicht führe. Die Verurteilung des Zipperer aus § 159 StrGB. ist jedoch ganz unabhängig von der Entscheidung der Frage, ob ein anderes Gericht in einem andern Strafverfahren den Beweis der Brandstiftung für erbracht ansieht; keines der in Frage kommenden Urteile ist für das andere präjudiziell; die verschiedenen Gerichte könnten sogar bei Würdigung des gleichen Sachverhaltes zu verschiedenen Ergebnissen kommen. Der Aussetzungsantrag wäre deshalb aus reinen Rechtsgründen abzulehnen gewesen; das Verfahren hätte deshalb auch bei rechtzeitiger Verbescheidung zu keinem andern Ergebnis geführt.

Staatsprüfung 1927 Frühjahr, I. 7.

I. Geschlechtsverkehr des Jung mit der Hübsch.

1. Der Tatbestand des § 182 StGB. ist nicht gegeben. Beim ersten Geschlechtsverkehr am 14. Februar 1926 ist die Hübsch zwar noch unbescholten, denn es ist nichts bekannt, daß sie bis dahin nicht auf die Wahrung ihrer Geschlechtsehre geachtet hätte[1]), Jung aber hält sie, der allgemeinen Meinung folgend, für 18 jährig. Zum Tatbestand des § 182 StrGB. gehört jedoch das Bewußtsein des Täters, ein Mädchen zu verführen, das das 16. Lebensjahr noch nicht vollendet hat. Bei dem späteren, nach der Vollendung des 16. Lebensjahres liegenden Geschlechtsverkehr weiß Jung zwar, daß die Hübsch noch keine 16 Jahre alt ist, zu dieser Zeit ist sie jedoch nicht mehr unbescholten, da sie dem Jung schon am 14. Februar 1926 ohne Zwang den Beischlaf gestattet hatte und somit die Unversehrtheit ihrer Geschlechtsehre nicht mehr vorlag[2]) (Olsh. Anm. 1 c zu § 182).

2. Dagegen erfüllt der wiederholte Mißbrauch der Hübsch zum Geschlechtsverkehr den Tatbestand einer fortgesetzten Beleidigung nach § 185 StrGB. In der Heranziehung der Hübsch zum Geschlechtsverkehr liegt eine Nichtachtung und Mißachtung ihrer Geschlechtsehre. Diese Mißachtung ist rechtswidrig. Eine rechtserhebliche Einwilligung der Hübsch, die die Rechtswidrigkeit beseitigen würde, liegt nicht vor. Bei Beleidigung Minderjähriger durch unzüchtige Handlungen muß die Berufung auf das Einverständnis grundsätzlich versagen[3]). Es ist zwar möglich, daß auch bei minderjährigen, aber geschlechtlich erfahrenen und selbständig lebenden Mädchen das Einverständnis die Ehrverletzung ausschließen kann[3]), ein solcher Fall liegt aber bei der im

---

[1]) Vgl. JW. 45, 500 Nr. 2 (III. Sen.).
[2]) RGSt. Bd. 35, 45 [46] (I. Sen.); LZ. 11, 1142 Nr. 19 (I. Sen.).
[3]) RGSt. Bd. 60, 34 (II Sen.).

Familienverband der Eltern lebenden Hübsch nicht vor. Da es sich hier um die Frage der rechtlichen Möglichkeit einer rechtserheblichen Einwilligung handelt, so wäre ein Irrtum des Jung über das Vorliegen einer Einwilligung ein unbeachtlicher Strafrechtsirrtum.

II. Entnahme der beiden Pillen.

1. Herausnahme der Schachtel aus dem Schrank.

Der Tatbestand läßt nicht erkennen, ob die Hübsch bemerkt hatte, daß ein Teil der Schachteln mit Faden umschnürt war und ob sie, falls sie das bemerkt hatte, bei der Herausnahme der Schachtel aus dem Schrank die Vorstellung hatte, die Schnur ohne Verletzung ablösen und allenfalls wieder herumwickeln zu können, oder ob sie die Absicht hatte, die wahrgenommene Schnur abzureißen, zwei Pastillen herauszunehmen und die Schachtel wieder in den Schrank zurückzustellen.

a) Hätte sie die letztere Vorstellung von der Aufeinanderfolge der Ereignisse gehabt, so hätte die Durchführung ihrer Absicht bei Mitnahme der beiden entnommenen Pillen aus der Apotheke hinaus den Tatbestand eines Verbrechens nach §§ 242, 243 Abs. 1 Ziff. 2 StrGB., eines Diebstahls aus einem Gebäude mittels Erbrechens eines Behältnisses erfüllt. Die Schachtel, in der die Pillen aufbewahrt waren, ist ein Behältnis i. S. des § 243 Ziff. 2 StrGB. Behältnis ist eine zur Aufnahme und Verwahrung eines andern Gegenstandes geeignete und bestimmte selbständige bewegliche Sache, deren Innenraum vollständig umschließbar gemacht werden kann (LK. Anm. III zu Ziff. 3, Note 6a). Diese Voraussetzungen erfüllt die Schachtel. Das Abreißen des umschließenden Bindfadens wäre ein Erbrechen. Erbrechen ist die gewaltsame Eröffnung eines Behältnisses zum Zwecke des Eingriffs (LK. Note 6b wie vor). Die Gewaltsamkeit erfordert nicht für alle Fälle ein gleiches Maß von Kraftanwendung, sondern nur die Aufbietung eines solchen körperlichen Kraftaufwandes, daß hierdurch im einzelnen Falle die Widerstandskraft des Hindernisses überwunden werden kann[4]). Das Aufreißen eines Bindfadens erfüllt dieses Erfordernis (LK. Note 6 b wie vor).

Da es jedoch in der Apotheke selbst hierzu nicht kam, ist die Frage zu prüfen, ob das, was die Hübsch bis zum Entschluß, die ganze Schachtel in ihre Tasche zu stecken, getan hat, den Tatbestand eines Versuchs nach §§ 242, 243 Ziff. 2, § 43 StrGB. erfüllt. Die Frage ist zu bejahen. Die Abgrenzung des Versuchs von der Vorbereitungshandlung ist im wesentlichen Tatfrage[5]). Eine bestimmte Handlung ist jedoch Versuch, wenn sie zu einer Tatbestandshandlung gehört und bereits eine Gefährdung des durch die Tat zu verletzenden Rechtsgutes bedeutet[6]). Eine bestimmte Handlung gehört dann zu einer Tatbestandshandlung, wenn sie, wie z. B. die Beseitigung eines Hindernisses, in gewolltem ununterbrochenem Zusammenhang mit der Tatbestandshandlung, hier dem Erbrechen und der Wegnahme steht[7]). Hiernach gehört aber das Ergreifen und Herausnehmen der Schachtel aus dem Schrank zum Tatbestandsmerkmal des Erbrechens wie der Wegnahme; denn hierdurch wird das Hindernis der räumlichen Trennung von dem begehrten Gegenstand beseitigt; in Anbetracht der Umstände ist es ein unbedingtes Erfordernis, die kleine Schachtel in die Hand zu nehmen, um die Schnur abreißen und die Pillen herausnehmen zu können. Durch die vorbezeichnete Handlung ist auch schon ein Anfang des Gewahrsamsbruchs gemacht. Ein solcher kann unter Umständen schon in der Gefährdung des Gewahrsams durch Beseitigung des entgegenstehenden Hindernisses liegen[8]). Daß eine solche Gefährdung des fremden Gewahrsams hier vorliegt, bedarf nach dem oben Gesagten keiner weiteren Ausführungen mehr.

Unter diesen Umständen läge in dem Entschluß, die Schachtel nicht aufzubrechen, sondern vollständig mitzuneh-

---

[4]) JW. 58, 1295/6 Nr. 5 (II. Sen.).

[5]) JW. 54, 974 Nr. 25 (II. Sen.); vgl. vor allem die Ausf. Mittermaiers hierzu in der Fußnote.

[6]) RGSt. Bd. 59, 386 (III. Sen.).

[7]) RGSt. Bd. 53, 217 [218] (II. Sen.).

[8]) JW. 55, 2753 Nr. 15 (II. Sen.).

men kein Rücktritt vom Versuch; ein solcher hätte zur Voraussetzung, daß die Hübsch freiwillig von ihrem Vorhaben zurücksteht, indem sie sich sagt: ich könnte zwar zum Erfolg kommen, ich will aber nicht mehr. Beim Herannahen ihres Bruders sagt sie sich aber, ich möchte zwar zum Erfolg kommen, aber ich kann nicht mehr. Dies schließt die Freiwilligkeit aus. Überdies steckt sie ja dann die ganze Schachtel ein.

b) Hätte die Hübsch jedoch bei Herausnahme der Schachtel aus dem Schrank die Vorstellung gehabt, der Schachtel ohne weiteres zwei Pillen entnehmen zu können, so läge, wie sich aus dem obigen ergibt, hierin ein Anfang der Ausführung eines einfachen Diebstahls und der Entschluß, die ganze Schachtel mitzunehmen bedeutete die Ausdehnung des diebischen Vorsatzes auf weitere Gegenstände.

2. Ob die Voraussetzungen unter a oder b vorliegen, erfüllt die Hübsch dadurch, daß sie die uneröffnete Schachtel in ihr Handtäschchen steckt und damit die Apotheke verläßt, den Tatbestand eines vollendeten einfachen Diebstahls. In dem Augenblick, in dem sie den Verkaufsraum der Apotheke verläßt, ist der Gewahrsam des Apothekeninhabers endgültig gebrochen. Der Gewahrsam ist gebrochen, die Wegnahme ist vollendet, sobald der Gegenstand aus dem Gewahrsam des bisherigen Inhabers in die tatsächliche Verfügungsgewalt des Diebes gelangt ist. Ob dies der Fall ist, ist eine nach den Umständen des Falles zu entscheidende Tatfrage[9]). Von Gewahrsam kann aber nicht mehr gesprochen werden, wenn nach allgemeiner Lebenserfahrung eine tatsächliche Einwirkung und ein handgreiflicher Zugriff auf die Sache von dem bisherigen Gewahrsamsinhaber nicht mehr zu erwarten ist. Bei dem sehr geringen Umfang der Schachtel ist die Wahrscheinlichkeit und Möglichkeit eines solchen Zugriffs zu verneinen, sobald der Täter das Verkaufslokal verlassen hat.

Hieran ändert der Umstand nichts, daß die Hübsch sich in den Hof der Apotheke und in den Abort begibt. Denn dort pflegt der gestohlene Gegenstand nicht aufbewahrt und

---

[9]) BayZ. 1928, 107 Nr. I (I. Sen.).

die Täterin nicht gesucht zu werden. Daß sie hier die Schachtel aufreißt, zwei Pillen herausnimmt und die übrigen in den Abort wirft, ist ohne strafrechtliche Bedeutung; es liegt eine straflose Nachtat vor. Wer nach vollendetem einfachen Diebstahl eines Behältnisses mit Inhalt dieses in ein Gebäude oder einen Raum verbringt, der nicht zur Aufbewahrung des Behältnisses und der darin befindlichen Sachen dienen sollte und da erst das Erbrechen vornimmt, stiehlt nicht „aus" einem Gebäude oder umschlossenen Raum (LK. Note 6 c wie oben).

Die Hübsch handelte auch in bezug auf die ganze Schachtel in rechtswidriger Zueignungsabsicht. Zueignung ist die Anmaßung einer eigentumsgleichen Herrschaft über die Sache. Die Absicht, nur einen Teil des Inhalts zu verwerten, den andern Teil aber wegzuwerfen, schließt die Zueignung der ganzen Schachtel nicht aus. Denn die Hübsch hat die ganze Schachtel in Gewahrsam genommen, um sie an einen ihr passenden Ort zu verbringen, dort zu öffnen, Pillen herauszunehmen, den Rest wegzuwerfen, also wie ein Eigentümer mit der Sache zu verfahren (LK. Anm. II 1 c zu § 242).

3. Treffen die Voraussetzungen unter 1 a zu, dann besteht Tateinheit zwischen versuchtem schwerem und vollendetem einfachen Diebstahl: §§ 242, 243 Ziff. 2, 43; § 242; § 73 RStrGB. (RGStr. Bd. 15, 281; s. a. auch LK. Einleitung V. B).

Treffen die Voraussetzungen unter 1 b zu, so liegt eine einheitliche Handlung vor, ein Vergehen des Diebstahls nach § 242 StrGB.

III. Einnehmen und Ausspucken der Abtreibungstabletten.

Es liegt ein Versuch der Abtreibung nach §§ 218 Abs. 1 und 3, 43 StrGB. vor, von dem die Hübsch mit strafbefreiender Wirkung gemäß § 46 Ziff. 1 StrGB. zurückgetreten ist.

Mit dem Einnehmen der Tabletten hatte die Hübsch den Anfang der Ausführung ihres Abtreibungsvorsatzes gemacht. Sie ist jedoch von diesem Versuch freiwillig zurückgetreten, ohne daß sie an der Ausführung ihres Vorhabens durch Umstände gehindert war, welche von ihrem Willen unabhängig waren. Dem steht nicht entgegen, daß der ekelhafte Geschmack der Tabletten sie veranlaßte, diese wieder auszuspucken. Die Freiwilligkeit des Rücktritts wird durch das Vorhandensein dieses Beweggrundes nicht aufgehoben. Kaum jemals ist eine Handlung oder ein Unterlassen durch einen Beweggrund allein motiviert. Nicht jeder äußere Umstand, der die Entscheidung des Täters zum Rücktritt mitbestimmt, schließt die Freiwilligkeit aus; vielmehr kommen dabei nur solche Umstände in Betracht, die von seinem Willen unabhängig sind und entweder die Ausführung der Tat schlechthin unmöglich machen, oder doch nach der gewöhnlichen Lebenserfahrung auf den Täter zwingend einwirken, derart, daß er zufolge solchen Zwanges seinem Willen eine andere Richtung gibt und von der Ausführung seines Vorhabens Abstand nimmt[10]). Ein solcher motivierender Zwang lag aber hier nicht vor. Wenn der erste unangenehme Geschmack schon ausreichte, ihr Vorhaben aufzugeben, so geht daraus hervor, daß ihr Wille auf Durchführung ihres Vorhabens nicht sehr energisch und stark war. Aber da es genug Möglichkeiten gab, nicht nur psychischer, sondern auch mechanischer Art, den unangenehmen Geschmack zu überwinden, wenn nur ein starker, auf Verwirklichung des Vorhabens gerichteter Wille dahinterstand, so kann im vorliegenden Falle nicht davon gesprochen werden, daß der unangenehme Geschmack die alleinige zwingende Ursache war, das Vorhaben aufzugeben; sie hat dies nur zum Anlaß genommen, von ihrem Vorhaben abzustehen, obwohl sie es leicht noch hätte verwirklichen können (vgl. LK. Anm. 3 zu § 46 StrGB.).

Der Bruder der Hübsch hat sich in keinerlei strafbarer Weise an der Tat seiner Schwester beteiligt, denn er wußte nicht, was sie vorhatte, als er ihr die Auskunft über wirksame Abtreibungsmittel gab.

---

[10]) JW. 55, 1167 Nr. 3 (III. Sen.).

IV. Vorlage der Kontrollkarte.

1. Die Hübsch hat sich dadurch, daß sie in der Absicht, sich den ungeschmälerten Wochenverdienst zu verschaffen, die Kontrollkarte vorlegte, die am 9. Juni 1926 in ihrer Abwesenheit von der Wüst durch die Kontrolluhr geschickt worden war, sich eines Vergehens des Betrugs nach § 263 StrGB. schuldig gemacht. Durch die Vorlage der Kontrollkarte spiegelte sie der Wahrheit zuwider vor, an allen Tagen der Woche die vorgeschriebene Zeit gearbeitet zu haben; denn die Kontrollkarte sollte gerade darüber Angaben machen, ob der Arbeiter zu bestimmten Zeiten anwesend war. Diese Kontrollkarte diente der Geschäftspraxis entsprechend als Unterlage für die Lohnberechnung und -auszahlung; die Vorlage der Karte ersetzt die mündliche Versicherung, an den durch diese Karte ausgewiesenen Tagen innerhalb der dort bezeichneten Stunden gearbeitet zu haben. Auf Grund dieser Vorlage wurde der Lohn für die volle Woche ausbezahlt und der Arbeitgeber um den auf einen Tag entfallenden Lohn geschädigt.

Die z. Zt. der Tat noch jugendliche Hübsch, die körperlich und geistig sehr entwickelt war und bei Ausführung ihrer Straftaten große Umsicht zeigte, war in allen drei Fällen nach ihrer geistigen und sittlichen Entwicklung fähig, das Ungesetzliche der Tat einzusehen und ihren Willen dieser Einsicht gemäß zu bestimmen (§ 3 JGG.).

2. Die Wüst hat zu dem Betrug Beihilfe geleistet: §§ 263, 49 StrGB. Sie wußte, daß die Hübsch den unter 1 beschriebenen Betrug vorhatte, und hat dadurch, daß sie die Karte durch die Kontrolluhr abstempeln ließ, wissend, daß Hübsch an diesem Tage nicht arbeite und wissend, daß die Karte die Unterlage für die Lohnberechnung bildet, den Betrug der Hübsch gefördert.

Die Bewirkung der Stempelaufdrucke auf die Lohnkarte und deren Vorlage zum Zwecke der Lohnberechnung stellen keine Urkundenfälschung dar. Es können zwar die Einzelaufdrucke wie auch unter Umständen ihre Gesamtheit als beweiserhebliche Urkunden bzw. Gesamturkunde erachtet werden. Jedoch ist weder eine Einzelurkunde fälschlich angefertigt noch eine Gesamturkunde verfälscht. Nach natürlicher Auffassung kann als Aussteller der Urkunde nur der Aufsteller der Kontrolluhr erachtet werden; der Fabrikherr bedient sich hier einer mechanischen Einrichtung an Stelle einer physischen Person um dem Vorzeiger der Karte den Eingang und Ausgang zu bestätigen. Die gegenteilige Auffassung, die der Entscheidung des RG. Bd. 52 S. 65 zugrunde liegt, ist gekünstelt und entspricht nicht einer natürlichen Wertung der Dinge.

V. Aneignung des Geldes durch Krämer.

1. a) Hübsch und Krämer waren darüber einig, daß das Eigentum an dem übergebenen Geldschein auf die Krämer übergehen solle. Damit hat die Krämer gemäß § 929 BGB. Eigentum an dem Geldschein erworben.

b) Die Hübsch hatte hierbei aber irrtümlich angenommen, den 10 *RM*-Schein übergeben zu haben, den sie bei sich hatte; nur diesen wollte sie übergeben. Sie handelte dabei im Auftrag ihres Vaters, ihres gesetzlichen Vertreters. Es konnte deshalb der Vater die Erklärung seiner Tochter gemäß § 119 BGB. anfechten. Infolge der Anfechtungserklärung ist die Eigentumsübertragung an dem Geldschein gemäß § 142 BGB. als von Anfang an nichtig anzusehen, die Krämer hat daher nurmehr den Besitz und Gewahrsam des Geldscheines, nicht aber Eigentum. Der Geldschein ist hinfort für sie eine fremde bewegliche Sache.

2. a) Die Krämer hat dadurch, daß sie erklärte, überhaupt keinen 20 *RM*-Schein empfangen zu haben, obwohl sie das Gegenteil wußte, sich eines Vergehens der Unterschlagung nach § 246 StrGB. schuldig gemacht. Sie hat den 20 *RM*-Schein als eine fremde Sache angesehen und war sich bewußt, ihn auf Anfordern herausgeben zu müssen. Durch ihr ablehnendes Verhalten hat sie nach außen erkennbar gemacht, daß sie den Schein für sich behalten wolle und ihn wie ihr Eigentum betrachte[11]) (LK. Anm. 5 zu § 246 StrGB.). Zur Zueignung ist eine Verfügung über die Sache

[11]) JW. 56, 1313 Nr. 7 (I. Sen.).

selbst nicht erforderlich; die Zueignung kann in allen Willensäußerungen erblickt werden, die eine Zueignungsabsicht offenbaren und betätigen[12]). Die Zueignung braucht sich nicht in einer äußerlich in Erscheinung tretenden Verfügung zu manifestieren[13]).

Die Zueignung war hinsichtlich des den Rechnungsbetrag überschreitenden Betrags von 10 *RM* auch rechtswidrig; dessen war sich die Krämer auch bewußt.

b) Hiermit trifft ein Vergehen des Versuchs zu einem Vergehen des Betrugs tateinheitlich zusammen: §§ 263, 43, 73 StrGB. Die Krämer beschränkt sich nicht darauf, den Besitz abzuleugnen; sie sucht auch den Besitz zu einem dauernden zu machen und Hübsch von weiteren Schritten, die sich auf die Verwirklichung seines Anspruchs auf Herausgabe richten könnten, zurückzuschrecken. Diese Absicht ergibt sich aus der Beharrlichkeit, mit der sie den Besitz des Geldscheines leugnet, verbunden mit der abschreckend gedachten Äußerung: da könnte jeder kommen. Es bleibt jedoch beim Betrugsversuch, da Hübsch seinen Anspruch nicht aufgibt.

Der Betrug stellt keineswegs eine straflose Nachtat dar. Eine solche würde vorliegen, wenn sich die betrügerischen Täuschungshandlungen lediglich darauf erstrecken würden, die begangene Unterschlagung zu verdecken. Sie bezweckten aber, Hübsch zur Aufgabe seines Erstattungsanspruchs zu bewegen, was daraus hervorgeht, daß sie auch noch bei Drohung mit Anzeigeerstattung bei ihrem Vorbringen beharrte (LK. Anm. 10 zu § 263).

Tateinheit zwischen § 246 und § 263 StrGB. ist möglich; die gleiche Handlung, Ableugnen des Besitzes, durch die sie nach außen zu erkennen gibt, wie ein Eigentümer über den Geldschein verfügen zu wollen, wodurch sie sich diesen Geldschein zueignet, ist ein Teil derjenigen Handlungen, die sie vornimmt, um Hübsch von der Verfolgung seines Erstattungsanspruchs abzuhalten, sich also einen rechtswidrigen Vermögensvorteil zu verschaffen.

---

[12]) JW. 57, 2329 [2330] Nr. 1 (BayObLG.).
[13]) JW. 56, 2054 Nr. 5 (BayObLG.).

VI. Die Wegnahme der Leinwand durch die Ehefrau Hübsch ist einfacher Diebstahl nach § 242 StrGB.

VII. Durch die Abholung der Leinwand aus dem Versteck hat sich der Ehemann Hübsch eines Vergehens des versuchten Diebstahls, §§ 242, 43 StrGB. schuldig gemacht. Hübsch geht hinaus in dem Bewußtsein, eine von einem Dieb gestohlene, für ihn fremde Ware seinerseits zu stehlen. Auch an Diebesgut kann Diebstahl begangen werden, auch der Dieb hat Gewahrsam[14]). In Wirklichkeit wird jedoch kein Gewahrsam gebrochen, der Dieb, die Ehefrau Hübsch, ist mit dem Bruch des Gewahrsams einverstanden. Wie das RG. jedoch infolge seiner subjektiven Theorie gestützt auf einen Umkehrschluß aus § 59 StrGB. in ständiger Rechtsprechung annimmt, schadet dem Täter die irrige Annahme eines Tatumstandes ebenso, wie ihm die Unkenntnis eines Tatbestandsmerkmals nützt. Infolge tatsächlichen Mangels am Tatbestand liegt jedoch nur Versuch vor (LK. Anm. III zu § 242).

Die Ehefrau Hübsch hat sich hiebei keiner weiteren Straftat schuldig gemacht; denn ein weiterer Eingriff in ein fremdes Rechtsgut liegt nicht vor. Der Anstifter wird nicht bestraft, weil er veranlaßte, daß ein anderer sich schuldig machte, sondern nur sofern und soweit eine Beteiligung an einem Eingriff in ein fremdes Rechtsgut vorliegt (LK. Anm. 2 B d zu § 48).

VIII. Wegnahme der beschlagnahmten Leinwand durch Karl Jung.

1. Jung hat sich eines Verbrechens des schweren Diebstahls nach §§ 242, 243 Abs. 1 Ziff. 2 und 5 StrGB. schuldig gemacht.

a) Durch die Beschlagnahme und die anderweitige Verwahrung der Leinwand in der Wohnung des Bürgermeisters war der Gewahrsam der Eheleute Hübsch aufgehoben; eine tatsächliche Verfügung über die Leinwand durch die Ehe-

---

[14]) JW. 55, 2752 Nr. 14 (II. Sen.).

leute Hübsch war unmöglich gemacht, ein fremder Gewahrsam war begründet.

Jung hat diesen Gewahrsam durch Wegnahme der Leinwand gebrochen und dabei mittels Einbruchs aus einem Gebäude gestohlen. Ein Einbrechen liegt auch dann vor, wenn der Täter von außen ein Fenster einschlägt und dann mit der Hand durch die Öffnung hindurch das Diebsgut herausholt, auch ohne daß er das Gebäude selbst betritt (LK. Anm. III 4 zu Nr. 2 des § 243).

b) Jung hat ferner die Tatbestandsmerkmale des § 243 Abs. 1 Ziff. 5 StGB. erfüllt, indem er bei Begehung des Diebstahls eine Waffe bei sich führte. Der Begriff des Bei-sich-Führens erfordert nicht mehr, als daß der Täter bei Begehung des Diebstahls weiß, daß er eine Waffe bei sich hat. So RGStr. Bd. 12, 63; Bd. 29, 228 (a. M.: LK. Anm. III b zu Nr. 5 des § 243).

2. Durch die gleiche Handlung (§ 73 StGB.) hat er eine Sache, die sich zur amtlichen Aufbewahrung an einem dazu bestimmten Orte befand, und einem Dritten amtlich übergeben worden war, vorsätzlich beiseite geschafft: § 133 StGB. Der Gendarm hatte die Leinwand als Überführungsstück beschlagnahmt und der Ehefrau des Bürgermeisters in seiner amtlichen Eigenschaft zur einstweiligen Aufbewahrung in der Wohnung des Bürgermeisters übergeben, wo die Leinwand zur amtlichen Verfügung gehalten werden sollte. Dies wußte Jung. Daß die Aufbewahrung nur eine vorübergehende ist und in der Privatwohnung des Bürgermeisters erfolgt, steht der Anwendbarkeit des § 133 StGB. nicht entgegen (LK. Anm. 2 zu § 133).

Das Beiseiteschaffen erfolgte in gewinnsüchtiger Absicht: § 133 Abs. II StGB. Gewinnsüchtige Absicht ist gleichbedeutend mit der Absicht, sich einen Vermögensvorteil zu verschaffen[15]). Jung holte die Leinwand nicht nur um zu zeigen was er kann, sondern auch um seine Aufwendungen, zu denen er als außerehelicher Vater bei der zu erwartenden Geburt verpflichtet war, zu verringern, wenn er

[15]) JW. 57, 813 [814] Nr. 34 (II. Sen.).

Leinwand beibrachte, aus der Kinderwäsche gemacht werden konnte. Schließlich hat Jung den Diebstahl auch ausgeführt, um den Eheleuten Hübsch und seiner Geliebten einen Vorteil zuzuwenden. Gewinnsüchtige Absicht liegt auch vor, wenn einem Dritten ein Vorteil zugewendet werden soll[16])

3. Durch die gleiche Handlung (§ 73 StrGB.) hat Jung eine Sache, welche von dem zuständigen Beamten in Beschlag genommen worden war, vorsätzlich beiseitegeschafft: § 137 StrGB. Der Gendarm hatte gelegentlich eines Dienstganges innerhalb seines Bezirks die Leinwand ordnungsgemäß nach §§ 94, 98 StrPO. beschlagnahmt. Zur Vornahme der Beschlagnahme war er örtlich und sachlich zuständig. Daß die Leinwand von dem Gendarmen beschlagnahmt worden war, hatte Jung von Hübsch erfahren.

---

[16]) RGSt. Bd. 56, 244 [245] (V. Sen.).

Staatsprüfung 1927 Frühjahr, I. 8.[1])

A.

Gegen sämtliche Verurteilte wurde in einer einheitlichen Hauptverhandulng verhandelt; diese Hauptverhandlung wurde durch ein einziges Urteil zum Abschluß gebracht (§ 260 Abs. 1 StrPO.). Für die Frage, welche Rechtsmittel den einzelnen Rechtsmittelwerbern zur Verfügung stehen, ist von ausschlaggebender Bedeutung, ob das Urteil „ausschließlich Übertretungen zum Gegenstand hat". Nach § 313 StrPO. kann ein Urteil des Amtsrichters nicht mit Berufung angefochten werden, wenn es ausschließlich Übertretungen zum Gegenstand hat und der Angeklagte entweder freigesprochen oder ausschließlich zu Geldstrafe verurteilt worden ist. „Urteil" ist derjenige Prozeßakt, der als formale Prozeßhandlung die Hauptverhandlung in einer Instanz zum Abschluß bringt. Als formale Prozeßhandlung bildet das Urteil ein einheitliches, unteilbares Ganzes. Hierbei macht es keinen Unterschied, ob das Urteil einen oder mehrere Angeklagte betrifft, ob die einzelnen Angeklagten wegen eines oder mehrerer Delikte verurteilt werden und ob der Zusammenhang unter den einzelnen verbundenen Strafsachen ein solcher nach § 3 oder nach § 237 StrPO. ist. Dem steht nicht entgegen, daß dem Rechtsmittelwerber gestattet ist, sein Rechtsmittel auf einzelne, einer selbständigen Anfechtung zugängliche Beschwerdepunkte zu beschränken (vgl. RG. in JW. 58, 2743 Nr. 45, II. Sen.)[2]). Der gegenteiligen Ansicht[3]), daß unter „Urteil" i. S. des § 313 StrPO. nur

[1]) Zum Verständnis des Textes der gestellten Aufgabe sei gesagt, daß sie offensichtlich auf den damaligen Stand der Rechtsprechung aufgebaut wurde, der aber inzwischen überholt ist.

[2]) Vgl. auch JW. 55, 1237 Nr. 5 (BayObLG.) JW. 54, 1527 Nr. 3 (Darmstadt); LZ. 1925, 1102/3 (Dresden); JW. 57, 312 Nr. 18 (Dresden); neuerdings auch KG. in JW. 59, 955 Nr. 23.

[3]) S. Löwe, Anm. 6 zu § 313.

der gegen einen bestimmten Angeklagten gerichtete — einen oder mehrere Tatbestände umfassende — Teil des ganzen Urteils zu verstehen sei, kann nicht beigetreten werden. Ein in erster Instanz einheitliches Verfahren kann nicht in höherer Instanz zerrissen werden und gleichzeitig in verschiedenen Instanzen schweben. Über innerlich zusammenhängende Straftaten, und solche kommen hier in Betracht, ist nach Möglichkeit einheitlich und gleichzeitig im gleichen Rechtszuge zu entscheiden. Wenn hierzu auch kein prozessualer Zwang im allgemeinen besteht, so begünstigt doch die StrPO. die einheitliche gleichzeitige Entscheidung (§§ 3, 237 StrPO.); in § 388 Abs. 2 ist sie für Klage und Widerklage zur direkten Pflicht gemacht. Die Bestimmung des § 335 Abs. 3 StrPO. ist nur die Anwendung dieses Grundsatzes auf einen speziellen Fall. Bei innerlich zusammenhängenden Straftatbeständen, die in einem einheitlichen Verfahren anhängig gemacht wurden, muß aber vermieden werden, daß bezüglich eines Straftatbestandes in der Berufungsinstanz andere tatsächliche Feststellungen getroffen werden, während das Revisionsgericht bezüglich des andern Straftatbestandes an die Feststellungen der ersten Instanz gebunden ist, obwohl die zur andern Sache in der Berufungsinstanz getroffenen Feststellungen auch diese Sache beeinflussen. Dieser Gesichtspunkt[4]) trifft jedoch nicht nur auf zwei Tatbestände zu, die einem Angeklagten zur Last gelegt sind[4]), sondern auch auf zwei Mitangeklagte, von denen sich der eine an einer Schlägerei z. B. durch eine Körperverletzung, der andere durch einen Waffenangriff beteiligt hat[5]).

Sind deshalb in einem einheitlichen Urteil von mehreren Angeklagten die einen zu Freiheitsstrafen, die andern wegen Übertretung nur zu Geldstrafen verurteilt, so ist die Frage nach dem für jeden Angeklagten zulässigen Rechtsmittel nicht nach dem Inhalte des ihn allein betreffenden Teiles des Urteils zu beantworten[3]), sondern auf Grund

[4]) JW. 55, 1237 Nr. 5 (BayObLG.); vgl. BayObLG. in JW. 54, 1519, BayZ. 1925, 117.

[5]) Vgl. JW. 54, 1527 Nr. 3 (Darmstadt).

der Feststellung, ob das Urteil als Ganzes sich ausschließlich mit Übertretungen befaßt und deswegen nur zu Geldstrafe verurteilt hat, oder nicht.

Im vorliegenden Falle hat das Urteil auch wegen Vergehen Freiheitsstrafen ausgesprochen. Es ist deshalb gegen alle Teile des Urteils sowohl Berufung wie Revision zulässig (§§ 312, 313, 335 StrPO.).

I. Rechtsmittel des Amtsanwalts.

1. Soweit gegen die Freisprechung des Emmeran Beyer Revision eingelegt ist, ist diese als Berufung zu behandeln [6], in entsprechender Anwendung des § 335 Abs. 3 StrPO. Unter den „andern Beteiligten" i. S. des § 335 Abs. 3 sind nicht die strafrechtlich als Teilnehmer der strafbaren Handlung desjenigen, der das Rechtsmittel der Revision statt der Berufung eingelegt hat, in Betracht kommenden Beteiligten zu verstehen, sondern alle Beschwerdeführer, die an dem angefochtenen Urteil verfahrensrechtlich beteiligt sind und in dieser Eigenschaft nach § 335 Abs. 1 StrPO. die Wahl haben, es mit Berufung oder Revision anzufechten [7]). Der „andere Beteiligte" braucht auch kein mit gegensätzlichen Interessen am Verfahren Beteiligter zu sein [8]); ein „anderer Beteiligter" ist deshalb auch jeder in bezug auf einen andern Teil des Urteils Beteiligter. Das Urteil, teils mit Berufung, teils mit Revision anzufechten, ist einem Beteiligten auch dann nicht gestattet, wenn es mehrere selbständige Straftaten umfaßt, deren Trennung im Rechtsmittelverfahren begrifflich möglich wäre [7]). Denn ein einheitliches Verfahren darf in höherer Instanz nicht zerrissen und gleichzeitig in verschiedenen Instanzen anhängig gemacht werden. Die Revision ist deshalb als Berufung zu behandeln.

2. Soweit der AA. in bezug auf Korbinian Huber gegen das Urteil „das zulässige Rechtsmittel" eingelegt hat, ist

---

[6]) Im Ergebnis übereinstimmend KG. in HöRR. Bd. 2, 208.
[7]) JW. 58, 2743 Nr. 45 (II. Sen.).
[8]) Recht 1926, 754 Nr. 2636 (II. Sen.).

dieses als Berufung anzusehen und zu behandeln[9]). Die Rechtsmitteleinlegung entbehrt zwar auf den ersten Blick der nötigen Bestimmtheit, da sowohl Berufung wie Revision gegen das Urteil zulässig ist. Die Willenserklärung ist jedoch der Auslegung fähig. Für die Auslegung dieser Willenserklärung ist aus § 300 StrPO. der allgemeine Rechtsgedanke dahin zu schöpfen, daß eine Rechtsmitteleinlegung überhaupt immer als Einlegung des nach der besonderen Prozeßlage gerade zulässigen und den Belangen des Beschwerdeführers dienlichen Rechtsmittels anzusehen und zu würdigen ist[10]). Da die Berufung das regelmäßige und umfassendere Rechtsmittel ist, so ist dieses als gewollt und eingelegt anzusehen, wenn aus der Rechtsmittelerklärung nicht zweifelsfrei hervorgeht, daß die Sprungrevision gewählt werden wollte[11]). Hier geht aber aus dem Inhalt der Rechtsmittelerklärung hervor, daß der Beschwerdeführer die Verurteilung des Huber wegen Körperverletzung statt wegen Waffenangriffs erstrebt. Da dies in erster Linie eine Tatfrage ist, die nur in der Berufungsinstanz erörtert werden kann, ist die Erklärung als Berufungseinlegung zu würdigen.

3. Soweit der AA. in Richtung gegen Frank Revision eingelegt hat, ist dieses Rechtsmittel ebenfalls in entsprechender Anwendung des § 335 Abs. 3 StrPO. als Berufung zu behandeln. Das Rechtsmittel ist form- und fristgerecht eingelegt. Die Revision ist auch genügend gerechtfertigt. Ein bestimmter Antrag, das Urteil ganz oder teilweise aufzuheben, ist nicht erforderlich; es genügt, wenn aus dem Gesamtinhalt der Revisionsschrift zu ersehen ist, in welchem Umfang die Vorentscheidung angefochten wird. Hier geht aber aus dem Inhalt der Revisionsschrift bündig hervor, daß die Aufhebung des Urteils, soweit es Frank

[9]) Im Ergebnis übereinstimmend: BayObLG. in JW. 54, 1015 Nr. 17, jedoch mit der Begründung, daß der Inhalt des Eröffnungsbeschlusses maßgebend sei für die Bestimmungen des Gegenstandes des Urteils.

[10]) JW. 54, 1015 Nr. 6 (BayObLG.).

[11]) Ebenso KG. in JW. 57, 1162 Nr. 32.

betrifft, erstrebt wird. Aber selbst wenn die Revisionsbegründung an einem Mangel leiden würde, so wäre dieser unbeachtlich, solange das Rechtsmittel als Berufung zu behandeln ist[12]).

II. Rechtsmittel des Benno Merk.

Auch Benno Merk stand Berufung und Revision wahlweise zu. Die ihm durch den Urkundsbeamten zuteil gewordene Auskunft war deshalb richtig und seinen Absichten entsprechend[13]).

Die von J. R. Schmitt als Verteidiger eingereichten Schriftsätze waren deshalb einerseits unnötig, andererseits aber auch unbehelflich und unschädlich.

Sämtliche Schriftsätze haben die Annahme der Unzulässigkeit des eingelegten Rechtsmittels der Berufung zur Voraussetzung und zeigen das Bestreben, das zulässige Rechtsmittel einzulegen. Eine Umwandlung der eingelegten Berufung in das Rechtsmittel der Revision kommt aus rein rechtlichen Gründen schon deshalb nicht in Betracht, weil eine Umwandlung des eingelegten Rechtsmittels in ein anderes auf Grund nachträglicher Willensentschließung weder während des Laufes der Rechtsmittelfrist oder der Begründungsfrist, noch nach Ablauf dieser Fristen rechtlich möglich ist[14]). Stehen zwei Rechtsmittel zur Wahl, so enthält die Einlegung des einen den Verzicht auf das andere[15]), selbst wenn die Rechtsmitteleinlegung auf einem (außerhalb des § 44 StrPO. liegenden) Irrtum beruht[16]); eine An-

[12]) RGSt. Bd. 59, 63 [64] (III. Sen.); JW. 58, 2743 Nr. 45 (II. Sen.).

[13]) Wäre, wie bisher z. T. angenommen wurde (BayObLG. LZ. 1924, 783; ZStW. 45, 397), nur Revision zulässig, so wäre Merk infolge der unrichtigen Belehrung Wiedereinsetzung in den vorigen Stand zu gewähren gewesen. JW. 55, 1239 Nr. 19 (BayObLG.); Slg. Bd. 25, 222.

[14]) BayObLG. in JW. 54, 1015 Nr. 8; 57, 1312 Nr. 1; Slg. Bd. 27. 251 [252]; RGSt. Bd. 60, 354 [355] (III. Sen.); JW. 58, 2748 Nr. 48 (III. Sen.).

[15]) RGSt. Bd. 60, 355 [357] (III. Sen.); JW. 58, 2748 Nr. 48 (III. Sen.).

[16]) JW. 55, 2770 Nr. 1 (BayObLG.); JW. 58, 45 [50/51] Nr. 18 (II. Sen.);

fechtung einer solchen Willenserklärung wegen Irrtums kommt deshalb, wie überhaupt bei keiner prozessualen Willenserklärung, nicht in Betracht.

Der Inhalt der Schriftsätze, namentlich die Erklärung, auf die von Benno Merk eingelegte Berufung zu verzichten, enthält aber auch keine Zurücknahme der eingelegten Berufung. Da die Ersetzung des einen Rechtsmittels durch ein anderes erstrebt wird, so ist zu prüfen, ob diese Rücknahmeerklärung nicht unter der stillschweigenden Bedingung abgegeben sein wollte, daß nicht nur eine Umwandlung möglich, sondern auch, daß hiezu die förmliche Rücknahme des eingelegten Rechtsmittels erforderlich sei[17]. Daß die Erklärungen des Verteidigers unter dieser Bedingung abgegeben sein wollten, ergibt sich mit zwingender Notwendigkeit aus dem Aufbau seines Schriftsatzes. Eine solche bedingte Erklärung ist aber unzulässig und nichtig, so daß durch sie der Rechtsbestand der Berufung nicht berührt wird[17].

III. Rechtsmittel der Brüder Schwab.

Die drei Strafsachen gegen die drei Gebrüder Schwab waren zwar mit den andern Strafsachen zur gleichzeitigen Verhandlung und Entscheidung verbunden. Durch die sofortige Verwerfung der Einsprüche wurde jedoch die Verbindung durch schlüssige Handlung wieder aufgehoben, und zwar, da für jeden der Ausgebliebenen die Voraussetzungen des § 412 Abs. 1 StrPO. gesondert zu prüfen und im Anschluß daran der Einspruch sofort zu verwerfen war, mit der Wirkung, daß jedes Strafverfahren wieder seine Selbständigkeit erlangte, derart, daß für die Frage der zulässigen Rechtsmittel nur die Prozeßtatsachen jedes gesonderten Strafverfahrens in Betracht kommen.

1. Revision des Eberhard Schwab: er war im Strafbefehl wegen Übertretung zu Geldstrafe verurteilt. Das den Einspruch verwerfende Urteil hat keinen sachlichen Inhalt, ist reines Prozeßurteil. § 313 StrPO. geht aber davon aus,

[17]) RGSt. Bd. 60, 354 [355] (III. Sen.); JW. 57, 1312 Nr. 1 (BayObLG.); Slg. Bd. 27, 251 [252].

daß jedes Urteil einen sachlichen Inhalt hat. Bei Urteilen nach § 412 StrPO. ist für die Frage der Prüfung des zulässigen Rechtsmittels der sachliche Inhalt des Strafbefehls in das Urteil zu substituieren. Das den Einspruch des Eberhard Schwab verwerfende Urteil ist deshalb in dieser Beziehung wie ein Urteil zu betrachten, das wegen einer Übertretung ausschließlich zu Geldstrafe verurteilt hat[18]). Es ist deshalb gegen dieses Urteil ausschließlich Revision zulässig. Für die Frage des zulässigen Inhalts der Revisionsbegründung ist aber allein der Charakter des Urteils als reines Prozeßurteil maßgebend. Die herrschende Meinung (Löwe Anm. 3 zu § 412) vertritt hiezu den Standpunkt, daß das Rechtsmittel lediglich auf den Verfahrensmangel gestützt werden kann, der sich aus dem Nichtvorliegen der Voraussetzungen des § 412 Abs. 1 StrPO. ergibt, also daß der Angeklagte bei Beginn der Hauptverhandlung eine genügende Entschuldigung beigebracht gehabt habe, oder durch einen Verteidiger vertreten gewesen sei. Dieser Auffassung ist beizutreten.

2. Dieselben Erwägungen gelten für das Rechtsmittel des Fridolin Schwab mit dem Abmaße, daß er, da zu Freiheitsstrafe verurteilt, das Urteil grundsätzlich mit Berufung und mit Revision anfechten kann: § 313 StrPO. Die Revision scheidet jedoch in Anbetracht der besonderen Eigenart des den Einspruch verwerfenden Urteils aus. Wie oben bemerkt, kann der Beschwerdeführer mit materiellrechtlichen Rügen nicht gehört werden. Da eine Revision aber nur als Sprungrevision in Frage kommt, ist eine Verfahrensrüge gemäß § 340 StrPO. ausgeschlossen. Die Revision scheidet deshalb aus Rechtsgründen als zulässiges Rechtsmittel aus. Dadurch wird der Weg frei für die Anwendung des § 300 StrPO. Findet § 300 StrPO. auch keine Anwendung, wo zwei Rechtsmittel zur Wahl stehen[19]), so ist er doch überall da zur Anwendung zu bringen, wo aus Rechtsgründen nur ein Rechtsmittel möglich ist und die tatsächlichen Voraus-

---

[18]) JW. 55, 1249 Nr. 1 (Dresden); DRZ. 1926, 316 Nr. 1102 (BayObLG).

[19]) JW. 54, 1032 Nr. 14 (RG.).

setzungen des Irrtums gegeben sind[20]). Letzteres trifft hier zu. Aus der Rechtsmitteleinlegung des Fridolin Schwab geht mit Bestimmtheit nur soviel hervor, daß er das Urteil anfechten wolle, nicht aber, daß er seinen Willen gerade darauf gerichtet gehabt habe, dies vermittels der Revision zu tun. Es treffen deshalb wohl die rechtlichen, nicht aber die tatsächlichen Voraussetzungen zu, unter denen das Kammergericht in JW. 58, 2769 Nr. 10 und das BayObLG. in JW. 58, 2752 Nr. 8 die Anwendung des § 300 StrPO. für ausgeschlossen erklärt haben. Das von Fridolin Schwab eingelegte Rechtsmittel ist deshalb als Berufung zu behandeln.

3. Die von Stefan Schwab eingelegte „Revision" ist als Antrag auf Wiedereinsetzung in den vorigen Stand zu interpretieren und zu behandeln. Die Begründung, nicht die Bezeichnung entscheidet über den Charakter des eingelegten Rechtsmittels[21]). Zu den Rechtsmitteln in diesem Sinne ist auch der Antrag auf Wiedereinsetzung in den vorigen Stand zu rechnen (Löwe Anm. 2 zu § 300; Dörr, StrPO. Anm. zu § 300). Die Rechtsmittelerklärung ist auszulegen, wobei der wirkliche Wille des Erklärenden zu erfassen und nicht an dem buchstäblichen Sinn des Ausdrucks zu haften ist[22]). Hierbei ist dem § 300 StrPO. die Auslegungsregel zu entnehmen, daß eine Rechtsmitteleinlegung immer als Einlegung des nach der Prozeßlage zulässigen und den Belangen des Beschwerdeführers dienlichen Rechtsmittels anzusehen und zu würdigen ist[23]). Aus dem Beschwerdevorbringen ergibt sich aber, daß er nur infolge eines unabwendbaren Zufalls verhindert gewesen sei, den Termin wahrzunehmen und daß er aus diesem Grunde die durch sein Ausbleiben entstandenen Rechtsfolgen abzuwenden wünsche. Dies Vorbringen entspricht aber den Erfordernissen eines Antrags auf Wiedereinsetzung in den vorigen Stand.

---

[20]) Vgl. JW. 54, 1015 Nr. 6 (BayObLG.).
[21]) ZStrW. 45, 174 (BayObLG.).
[22]) JW. 57, 3000 Nr. 8 (BayObLG.).
[23]) JW. 54, 1015 Nr. 6 (BayObLG.).

IV. Rechtsmittel des Frank.

Er war wegen Körperverletzung zur Freiheitsstrafe verurteilt; er hatte deshalb gemäß §§ 313, 335 StrPO. die Wahl zwischen Berufung und Revision. Ein Urteil kann jedoch immer nur mit einem bestimmten Rechtsmittel angegriffen werden, entweder dem einen oder dem andern. Die durch den Vorbehalt künftiger Wahl bedingte Einlegung der beiden Rechtsmittel, sei es gehäuft oder wahlweise, ist unzulässig und absolut nichtige Erklärung[24]). Durch den am 26. März 1927 bei Gericht eingegangenen Schriftsatz wurde deshalb kein gültiges Rechtsmittel eingelegt. Der nächste am 3. April 1927 eingegangene Schriftsatz wahrte jedoch nicht mehr die Einlegungsfrist (§§ 314, 341 StrPO.). Die Rechtskraft des Urteils war nicht durch rechtzeitige Einlegung eines Rechtsmittels gehemmt, so daß der Schriftsatz vom 3. April 1927 unbehelflich ist.

B.

Verbescheidung der eingelegten Rechtsmittel.

1. Auf die Berufung des AA. hat die kleine Strafkammer (§ 70 Abs. 1 Satz 1 GVG.) des Landgerichts in dem Strafverfahren gegen Emmeran Beyer, Korbinian Huber und Frank in der Sache selbst zu entscheiden. Daß in erster Instanz Entscheidung durch den Einzelrichter beantragt war, darf unbedenklich angenommen werden.

2. Auf die Berufung des Benno Merk hat eben diese Strafkammer das Urteil des Amtsrichters in Richtung gegen Benno Merk aufzuheben und an das Jugendgericht zu verweisen: § 328 Abs. 3 StrPO.; § 17 JGG.

Benno Merk war auch z. Zt. der Aburteilung durch den Einzelrichter noch jugendlich und war deshalb grundsätzlich vom Jugendgericht abzuurteilen, das ein Schöffengericht ist

[24]) RGSt. Bd. 60, 355 [356] (III. Sen.); DRZ. 1928, 304 [305] Nr. 659 (III. Sen.).

(§ 17 JGG.). Nach § 26 JGG. ist zwar die Verbindung von Jugendstrafsachen mit Strafverfahren gegen Erwachsene zulässig. Die Verbindung kann jedoch nur vor dem Schöffengericht geschehen, nicht vor dem Einzelrichter[25]). Zusammenhängende Strafsachen, welche einzeln zur Zuständigkeit von Gerichten verschiedener Ordnung gehören, können nach § 2 StrPO. nur bei dem Gericht verbunden werden, dem die höhere Zuständigkeit beiwohnt. Diese Bestimmung gilt gemäß § 18 Abs. 1 JGG. auch für das Jugendstrafverfahren. Das Schöffengericht ist aber gegenüber dem Einzelrichter ein Gericht höherer Zuständigkeit[26]) (Löwe Anm. 4a zu § 2 StrPO.). Der Einzelrichter erster Instanz hatte somit seine Zuständigkeit zu Unrecht angenommen.

Dagegen begründet der Umstand, daß in dem gegen Merk erlassenen Strafbefehl entgegen der Vorschrift des § 39 JGG. eine Freiheitsstrafe festgesetzt worden war, nicht die Nichtigkeit des Verfahrens. Dieses Verfahren war zwar prozeßordnungswidrig; der Verfahrensverstoß kann aber in der Berufung nicht gerügt werden und könnte zu einer Zurückverweisung nach § 328 Abs. 2 StrPO. keinen Anlaß geben. Denn der Verfahrensverstoß liegt vor der Eröffnung des Hauptverfahrens und wurde in erster Instanz nicht gerügt. Das Urteil beruht deshalb auch nicht auf diesem Mangel[27]).

3. Die Berufung des Fridolin Schwab ist von der Strafkammer zu verwerfen. Das Vorbringen, die Strafverfolgung sei nach Erlaß des Strafbefehls verjährt, ist unbeachtlich. Zwar hat das Gericht die Frage der Verjährung, deren Nichtablauf Prozeßvoraussetzung ist, im allgemeinen in jeder Lage des Verfahrens von Amts wegen zu prüfen[28]). Dieser Grundsatz kann jedoch nur insoweit Anwendung finden, als er auch in dem Verfahren, gegen das sich das Rechtsmittel richtet, zu beachten war und der Beschwerdeführer durch die Nichtbeachtung einer Verfahrensregel be-

[25]) JW. 58, 2753 Nr. 10 (BayObLG.).
[26]) RGSt. Bd. 62, 265 [270] (I. Sen.).
[27]) JW. 55, 2757 [2758] Nr. 2 (FSen.).
[28]) JW. 56, 2634 Nr. 1 (BayObLG.).

schwert ist. Die Frage der Verjährung war jedoch auch in dem angefochtenen Verfahren, in dem der Einspruch verworfen wurde, nicht zu prüfen (Löwe Anm. 1 zu § 412 StrPO.) und kann deshalb auch in der Berufungsverhandlung nicht geprüft werden. Somit kann in der Berufungsverhandlung nur geprüft werden, ob der Einspruch zu Unrecht verworfen wurde, weil der Angeklagte sich vor der Hauptverhandlung genügend entschuldigt hatte, oder weil er in der Hauptverhandlung vertreten war. In dieser Richtung hat aber der Beschwerdeführer nichts vorgebracht.

4. Das Revisionsgericht verwirft die Revision des Eberhard Schwab als unzulässig: § 349 Abs. 1 StrPO. Die Revision konnte nur mit der Verfahrensrüge der Verletzung des § 412 StrPO. begründet werden, wie oben bereits ausgeführt. Die Revisionsbegründung mußte gemäß § 344 Abs. 2 S. 2 StrPO. die den Mangel enthaltenden Tatsachen angeben. Dies ist aber nicht geschehen; die Bestimmung über die Anbringung der Revisionsanträge ist nicht erfüllt.

Eberhard Schwab war wegen der gleichen Übertretung verfolgt wie Fridolin Schwab. Da gegen letzteren die Strafverfolgung nach Erlassung des Strafbefehls verjährte, ist sie gleichzeitig auch gegen Eberhard Schwab verjährt, da die Tatzeit die gleiche und eine Unterbrechung der Verjährung nicht ersichtlich ist. Die inzwischen eingetretene Verjährung berührt jedoch nicht die oben getroffene Entscheidung. Auch hier ist für die Prüfung der Verjährungsfrage kein Raum, und zwar aus folgenden Gründen: das RevG. hat vorab die Zulässigkeit des Rechtsmittels zu prüfen. Erweist sich dieses, wie hier, als unzulässig, so ist das RevG. gar nicht in der Lage, einen Schritt weiter zu gehen und die von Amts wegen zu berücksichtigenden Verfahrensvoraussetzungen zu prüfen, was immer ein zulässiges Rechtsmittel voraussetzt[29]). Aber selbst die entgegengesetzte Rechtsansicht des BayObLG. in DJZ. 1925, 520 und des Kammergerichts in DJZ. 1926, 458 würde zu keinem andern

[29]) JW. 58, 1056 [1057] Nr. 64 (II. Sen.); JW. 58, 2744 Nr. 46 = RGSt. Bd. 63, 184 (I. Sen.).

Ergebnis führen, da dann die Berücksichtigung der Verjährung aus den oben unter 3 dargelegten Erwägungen nicht stattfinden könnte.

5. Das Rechtsmittel des Frank wird vom RevG. gemäß § 349 Abs. 1 StrPO. als unzulässig verworfen. Die Bestimmungen über die Einlegung der Revision sind nicht beachtet, der Rechtsmittelwerber hat überhaupt kein gültiges Rechtsmittel eingelegt.

6. Dem Stefan Schwab hat das Amtsgericht Altenburg gemäß § 235 Abs. 1 StrPO. Wiedereinsetzung in den vorigen Stand zu gewähren. Daß er auf dem Weg zur Hauptverhandlung von einem Kraftwagen überfahren wurde, war ein unabwendbarer Zufall i. S. des § 44 StrPO. Der Antrag konnte auch schon vor Zustellung des Urteils gestellt werden; der Ablauf der auf die Zustellung folgenden Woche bezeichnet lediglich den Eintritt des Ausschlusses der Zulässigkeit von Anträgen aus diesem Versäumnisgrund. Die Bestimmung besagt aber nicht, daß der Antrag nur nach Zustellung des Urteils gestellt werden dürfe.

Staatsprüfung 1928 Herbst, I. 6.

I. 1. Falsch hat sich eines fortgesetzten Vergehens des Betrugs nach § 263 StrGB. schuldig gemacht.

In der Absicht, einen Teil der zur Auszahlung empfangenen Gelder sich aneignen und diese ungestört behalten zu können, hat der Angeklagte in jedem Einzelfalle die einzelnen Rentenempfänger veranlaßt, den Empfang von Beträgen zu quittieren, die er von Anfang an in der durch die Quittung ausgewiesenen Höhe nicht auszubezahlen entschlossen war, hat er ferner mehrere Monate die Gesamtheit der Einzelquittungen, deren Inhalt unwahr war, dem Stadteinnehmer vorgelegt.

a) Von den einzelnen Rentenempfängern hat er durch Vorspiegelung falscher und Unterdrückung wahrer Tatsachen die Quittungen über höhere Beträge erschlichen, als er auszuzahlen entschlossen war. Die Rentenempfänger hatten einen Rechtsanspruch gegen den Fiskus auf Auszahlung der ihnen gesetzlich zustehenden Rentenbeträge. Wenn deshalb Falsch als Organ dieses Fiskus die Rentenempfangsberechtigten aufforderte, Quittung zu leisten, so enthielt diese Aufforderung zugleich die Zusicherung, Quittung über keinen höheren Betrag zu verlangen, als zur Auszahlung gelange, umgekehrt, den quittierten Betrag auch auszuzahlen. Indem er seine entgegengesetzte Absicht verschwieg, hat er durch ein mit einer auf Wahrheitsverdeckung gerichteten Handlung verbundenes Schweigen getäuscht (LK. Anm. 2b zu § 263; Olsh. Anm. 10b zu § 263).

Durch diese Handlungen hat sich der Angeklagte in den Besitz formaler Beweismittel, der Quittungen, gesetzt, auf deren Besitz die endgültige Verwirklichung seiner Absicht, Geld sich anzueignen, aufgebaut wurde. Diese Quittungen stellten für ihn einen Vermögensvorteil dar, denn jede einzelne Quittung ermöglichte dem Falsch, die Differenz zwischen dem Quittungsbetrag und dem ausbezahlten Betrag sich nachträglich anzueignen, aber die Auszahlung des Quittungsbetrags zu beweisen[1]).

Sofern dem Falsch die Verwirklichung seiner Absicht in Einzelfällen nicht gelang, und er den pflichtigen Betrag ganz auszahlen mußte, also nur Betrugsversuch vorliegt, gehen doch diese Handlungen in der Gesamthandlung auf, da Falsch auf Grund eines einheitlichen Willensentschlusses handelte, also Fortsetzungszusammenhang zwischen den verschiedenen Einzelhandlungen vorliegt.

b) Falsch wollte aber auch durch Vorlage der inhaltlich unwahren Quittungen an den Stadteinnehmer den Anschein erwecken, die verzeichneten Beträge voll ausbezahlt zu haben, um dadurch die Unterschlagung der zurückbehaltenen Beträge zu verdecken.

c) Wenn der Angeklagte auch durch die vorbezeichneten Handlungen durch jede einzelne Quittungserschleichung und Abrechnung zwei verschiedene Personen täuschte, so geschah doch beides im Hinblick auf ein und dieselbe rechtswidrige Bereicherungsabsicht, die Erlangung und Erhaltung des gleichen Vermögensvorteils. Es liegt nur ein Betrug vor[2]). Wenn jede einzelne Betrugshandlung juristisch auch schon durch das betrügerische Verhalten gegenüber dem Rentenempfangsberechtigten vollendet war, so kam sie tatsächlich nach der Vorstellung des Falsch doch erst mit der Abrechnung dem Stadteinnehmer gegenüber zum Abschluß[3]).

2. Durch die gleichen Handlungen hat er sich eines fortgesetzten Verbrechens der erschwerten Amtsunterschlagung nach §§ 350, 351 StrGB. schuldig gemacht.

Falsch war Beamter i. S. der §§ 350, 359 StrGB. Die Sozialrentengelder hatte er in amtlicher Eigenschaft empfangen; der amtliche Gewahrsam, den er dadurch an diesen Geldern erlangte, wurde durch die betrügerischen Machenschaften nicht zum privaten Gewahrsam. Soweit er die Sozialrenten zunächst mit eigenen Mitteln ausbezahlt

---

[1]) RGSt. Bd. 61, 37 [38/39] (II. Sen.).

[2]) Vgl. JW. 57, 1597 [1599] Nr. 42 (I. Sen.).

[3]) Über den Umfang des strafrechtl. Handlungsbegriffs vgl. RGSt. Bd. 59 S. 321 ff. (I. Sen.).

hatte, hatte er einen Ersatzanspruch und durfte die entsprechenden Beträge sich ohne Rechtsverstoß aus seiner amtlichen Kasse nehmen. Darüber hinaus aber hat er sich durch Entnahme auch der Differenzbeträge zwischen Quittungsbetrag und tatsächlich ausbezahltem Betrag die amtlichen Gelder rechtswidrig zugeeignet[4]).

In Beziehung auf diese Unterschlagungen hat Falsch jeweils zur Abrechnung unrichtige Belege vorgelegt, die inhaltlich unwahr waren. Unrichtig sind die Belege auch dann, wenn sie einen den Tatsachen nicht entsprechenden Inhalt haben[5]). Dies trifft aber hier zu; laut Quittung bescheinigte der Rentenempfänger, einen höheren Betrag empfangen zu haben, als er tatsächlich empfangen hatte. Diese Quittungen dienten als Nachweis für die ordnungsmäßige Verwendung der empfangenen Gelder. Sie waren also Belege für die Richtigkeit der Monatsabrechnung.

Die erschwerte Amtsunterschlagung steht mit dem Betrug in Tateinheit, denn durch dieselbe Handlung, durch die er die unrichtigen Belege dem Stadteinnehmer vorgelegt hat, hat er auch den Betrug tatsächlich zum Abschluß gebracht.

3. Durch die gleiche Handlung hat er sich ferner eines fortgesetzten Vergehens nach § 353 Abs. 2 StrGB. schuldig gemacht: er hat als Beamter bei der amtlichen Ausgabe von Geld den Empfängern vorsätzlich und rechtswidrig Abzüge gemacht und die Ausgaben als vollständig geleistet in Rechnung gestellt; er hat den Empfängern weniger ausbezahlt, als er verpflichtet war, hat aber bei der Abrechnung mit dem Stadteinnehmer Quittungen vorgelegt, deren Inhalt die Auszahlung der vollen Beträge behauptete.

II. Falsch hat sich durch eine weitere selbständige Handlung eines Verbrechens des Versuchs zu einem Verbrechen des schweren Diebstahls in Tateinheit mit einem Verbrechen des Versuchs zu einem Verbrechen des schweren Raubes nach

---

[4]) RGSt. Bd. 61, 37 ff. (II. Sen.).

[5]) RGSt. Bd. 60, 65 [66] (II. Sen.); Bd. 61, 37 [39] (II. Sen.); JW. 57, 3250 Nr. 22 (III. Sen.).

§§ 242, 243 Abs. 1 Ziff. 2, 43; §§ 249, 250 Abs. 1 Ziff. 1, 43; § 73 StrGB. schuldig gemacht.

1. Um das Geld aus der Tagespolizeistation, einem Gebäude, wegnehmen zu können, hat er das Amtszimmer des Vorstands, ein Behältnis, erbrochen. Zum Begriff des Einbruchs genügt es, wenn mittels einer Kraftanstrengung zur Begehung des Diebstahls eine Öffnung der Umschließung erzeugt, ein entsprechendes Hindernis gewaltsam beseitigt wird. Ein Zusammenhang der Umschließung ist schon anzunehmen, wenn die einzelnen Teile der Umschließung zwar nicht fest miteinander verbunden sind, aber doch ein das Eindringen abwehrendes Hindernis bilden[6]. Dadurch, daß Falsch mit aller Kraft den schweren Schrank auf die Seite rückte, ist er solcher Art in das Amtszimmer eingebrochen. Das Zimmer ist ein Behältnis i. S. des § 243 Ziff. 2 StrGB., denn es ist ein allseits verschließbarer Raum innerhalb eines Gebäudes (LK. Anm. 6 zu § 243).

Dadurch, daß Falsch das Zigarrenkistchen an sich nahm und damit das Amtszimmer zu verlassen suchte, war die Wegnahme jedoch noch nicht vollendet, der Gewahrsam des Heim noch nicht gebrochen. Gewahrsam ist die tatsächliche Verfügungsgewalt einer Person über eine Sache[7]; er dauert solange fort, als der Herrschaftswille über die Sache fortbesteht und der Verwirklichung dieses Herrschaftswillens des Herrn der Sache zur unmittelbaren Einwirkung kein tatsächliches Hindernis entgegensteht[8]. Ausschlaggebend ist, daß die Sache vom Besitzer noch immer in einem, den Gewohnheiten des täglichen Lebens entsprechenden Maße zugänglich ist. Von der vorübergehenden Abwesenheit des Herrn der Sache außer Hauses wird aber die Fortdauer des Gewahrsams nicht berührt (LK. Anm. I 2 zu § 242). Darnach ist auch der Gewahrsam erst dann gebrochen, die Wegnahme erst dann vollendet, sobald die tatsächliche Verfügungsgewalt des bisherigen Inhabers, d. i. die Möglichkeit tatsächlicher Einwirkung auf die Sache, beseitigt und

---

6) RGSt. Bd. 60, 378 [379] (I. Sen.) = JW. 56, 905 Nr. 23.

7) JW. 55, 585 Nr. 5 (III. Sen.).

8) RGSt. Bd. 60, 271 [272] (II. Sen.).

an deren Stelle die tatsächliche Verfügungsgewalt des Diebes gesetzt ist[9]). Von Bedeutung für die Entscheidung der Frage ist auch die Größe des Diebesguts[9]). Solange das Diebesgut sich noch in dem Raume seiner bisherigen Aufbewahrung befindet, oder in dem unmittelbar anstoßenden Raum und, wie das Zigarrenkistchen, ohne weiteres erblickt werden kann, und nach den Umständen des Falles ohne weiteres angenommen werden muß, daß die betroffene Person sich fremdes Gut angeeignet hat, solange besteht auch noch die Möglichkeit tatsächlicher, wenn vielleicht auch erfolgloser Einwirkung des Herrn der Sache auf diese. Dies aber ist hier der Fall. Falsch befand sich noch unter der Tür zwischen den beiden Räumen, dann im Nebenraum, als ihm das Kistchen endgültig abgenommen wurde. Hier aber war dem bisherigen Inhaber eine tatsächliche Einwirkung noch möglich. Der Gewahrsam war also noch nicht gebrochen, als Schlapp dem Falsch entgegentrat.

2. Um die Wegnahme vollenden zu können, gebrauchte Falsch Gewalt gegen den, der ihm entgegentrat und hieb mit dem eigens zu diesem Zweck vorsorglich mitgebrachten schweren Stock auf den Angreifer ein, in der Annahme, es sei der neue Schutzmann, von dem er befürchtete, er werde ihn an der Vollendung der Wegnahme des Geldes hindern. Er hielt also die Gewaltanwendung für erforderlich, um zu seinem Ziele zu kommen.

§ 249 StrGB. versteht aber unter Personen, gegen die Gewalt angewendet wird, nur solche, die sich der Wegnahme im Interesse des bisherigen Inhabers hindernd in den Weg stellen, den Gewahrsam des bisherigen Inhabers zu schützen bereit sind (LK. Anm. 3 b zu § 249; Olsh. Anm. 8 zu § 249). Diese Voraussetzungen treffen jedoch auf Schlapp nicht zu, der sich Falsch nur deshalb in den Weg stellte, um das Geld für sich selbst zu erlangen.

Gleichwohl gereicht dem Falsch die irrige Annahme, es mit dem neuen Schutzmann zu tun zu haben, einer Person, die die Wegnahme im Interesse des bisherigen Inhabers der Sache

---

[9]) BayZ. 1928, 107 Nr. I (I. Sen.).

hindern wolle, zum Schaden. Die irrige Annahme des Vorliegens eines Tatbestandsmerkmals ist dem Täter nach der vom RG. in ständiger Rechtsprechung festgehaltenen subjektiven Theorie zur Schuld anzurechnen, jedoch mit dem Abmaße, daß wegen tatsächlichen Mangels am Tatbestand kein vollendetes, sondern immer nur versuchtes Delikt vorliegt (LK. Anm. 9 und 10 zu § 43).

Die Strafbarkeit des Versuchs wird auch nicht dadurch beeinträchtigt, daß es beim Versuch aus einem doppelten Grunde verbleibt, einmal wegen vollkommenen Mangels eines Tatbestandsmerkmals zum andern wegen Nichtvollendung eines andern. Die Strafbarkeit tritt ein, weil der Täter mit dem auf Verwirklichung des ganzen Tatbestandes gerichteten Vorsatz mit der Ausführung eines Tatbestandsmerkmals den Anfang gemacht hat.

Der Versuch ist qualifiziert nach § 250 Abs. 1 Ziff. 1 StrGB. Falsch hat bei Begehung der Tat einen schweren Spazierstock, eine Waffe, bei sich geführt. Waffe ist jedes gefährliche Werkzeug, das nach dem Willen des Trägers im Einzelfalle dazu bestimmt ist, im Angriff oder in der Verteidigung Verletzungen zuzufügen (LK. Anm. III 5 zu § 243). Falsch hat den schweren Stock mit sich geführt, um damit zuschlagen zu können, wenn sich der Ausführung des Diebstahls Personen hindernd in den Weg stellen.

Die nachfolgende Gewaltanwendung gegen den Schutzmann Kraft erfüllt dagegen keinen strafbaren Tatbestand. Die Wegnahme des Kistchens war zu dieser Zeit noch nicht vollendet. Falsch hielt aber den Schutzmann für einen Dieb. Ihm fehlte also die Vorstellung, die Gewalt gegen eine Person anzuwenden, die die Sache im Interesse ihres rechtmäßigen Besitzers zu schützen willens ist; er war somit über das Vorhandensein eines Tatbestandsmerkmals im Irrtum, weshalb ihm § 59 StrGB. zugute kommt. Auch ein Dieb kann Gewahrsam an einer Sache haben, mit der Folge, daß sein Gewahrsam gebrochen und Diebstahl an der gestohlenen Sache begangen werden kann[10]). Dem vermeintlichen Dieb

[10]) JW. 55, 2752 Nr. 14 (II. Sen.).

gegenüber war Falsch Besitzer der Sache i. S. des § 854 BGB.; der Versuch der Besitzentziehung durch den vermeintlichen Dieb war verbotene Eigenmacht (§ 858 BGB.), gegen die sich Falsch mit Gewalt zur Wehr setzen durfte (§ 859 BGB.). Der zur Abwehr verbotener Eigenmacht geübte Zwang ist aber nicht rechtswidrig (LK. Anm. 8 zu § 240).

Infolgedessen kommen auch weder Körperverletzung noch Widerstand gegen die Staatsgewalt in Betracht.

An und für sich wäre auch der Tatbestand des § 243 Abs. 1 Ziff. 5 StrGB. gegeben, aus denselben Gründen, aus denen der Tatbestand des § 250 Abs. 1 Ziff. 1 StrGB. gegeben ist. Zwischen § 243 Abs. 1 Ziff. 5 und § 250 Abs. 1 Ziff. 1 liegt jedoch Gesetzeskonkurrenz vor. Diese ist dann gegeben, wenn mehrere Strafgesetze denselben Tatbestand aufstellen und sich nur dadurch unterscheiden, daß das Gesetz ein begriffliches Merkmal oder mehrere in engerer Begrenzung oder besonderer Gestaltung enthält[11]). Dies ist hier der Fall. Während §§ 249, 250 Abs.1 Ziff. 1 die Wegnahme einer Sache unter Gewaltanwendung durch einen eine Waffe bei sich führenden Täter betrifft, bezieht sich § 243 Abs. 1 Ziff. 5 auf einen Täter, der (ohne Gewaltanwendung gegen Personen) bei der Wegnahme einer Sache eine Waffe bei sich führt. § 243 Abs. 1 Ziff. 5 enthält also den weiteren Tatbestand, der hinter den engeren des §§ 249, 250 Abs. 1 Ziff. 1 zurücktritt.

III. Schlapp hat sich eines Verbrechens des Versuchs zu einem Verbrechen des schweren Diebstahls in Tateinheit mit einem Verbrechen des Versuchs zu einem Verbrechen des Raubes und in weiterer Tateinheit mit einem Vergehen der einfachen Körperverletzung nach §§ 242, 243 Abs. 1 Ziff. 3, 43; §§ 249, 43; § 223; § 73 StrGB. schuldig gemacht.

1. Schlapp hat, um das Geld in rechtswidriger Zueignungsabsicht wegnehmen zu können, sich mittels eines verrosteten, im Kehrichteimer gefundenen Schlüssels Eingang in die Tagespolizeistation verschafft. Dieser Schlüssel ist ein

---

[11]) RGSt. Bd. 60, 117 [122] (II. Sen.); DRZ. 1929, 72 Nr. 190 (I. Sen.).

Nachschlüssel i. S. des § 243 Abs. 1 Ziff. 3 StrGB. Daraus, daß er verrostet im Kehrichteimer gefunden worden war, geht hervor, daß er nach dem Willen des Verfügungsberechtigten schon lange nicht mehr zur ordnungsmäßigen Eröffnung der Eingangstür der Station bestimmt war.

Schlapp hat ferner, um in Besitz des erstrebten Kistchens zu gelangen, Gewalt gegen Falsch angewendet; er wollte ihm das Kistchen entreißen und da ihm das nicht gelang, balgte er sich mit Falsch auf dem Boden herum, in der Absicht, den Widerstand des Falsch zu brechen und den Gewahrsam am Kistchen zu erlangen. Dabei ist gleichgültig, daß Falsch den Gewahrsam noch nicht vollkommen erlangt hatte; denn soweit das Kistchen nicht im Gewahrsam des Falsch war, stand es noch im Gewahrsam des Heim; der Gewahrsam, den Schlapp brechen wollte, war immer ein fremder.

§ 250 Abs. 1 Ziff. 4 StrGB. ist aber nicht gegeben: die Tagespolizeistation ist kein bewohntes Gebäude i. S. des § 250 Abs. 1 Ziff. 4. Ein „bewohntes Gebäude" ist nur gegeben, wenn es regelmäßig dem Aufenthalt von Menschen dient und insbesondere wenigstens einem Menschen zur ordnungsmäßigen Nachtruhe zu dienen pflegt. Wenn auch Falsch wiederholt mit der Hübsch in der Station nächtigte, so war das doch keine ordnungsmäßige Nachtruhe; denn er nächtigte ohne Wissen und Willen der allein verfügungsberechtigten Stadtverwaltung. Die stillschweigende Duldung des Heim ist unbeachtlich.

Darin, daß Schlapp sich unverrichteter Dinge davonmachte, liegt kein Rücktritt vom Versuch (§ 46 Ziff. 1); denn er gab die Fortsetzung seiner Bemühungen nicht auf, obwohl er allenfalls noch hätte zum Ziel gelangen können, sondern weil er sich sagte, es hat doch keinen Wert, ich erreiche doch nichts. Der „Rücktritt" war also kein freiwilliger.

2. Schlapp hat den Falsch vorsätzlich und rechtswidrig körperlich mißhandelt, indem er sich mit ihm herumbalgte und ist deshalb — rechtzeitiger Strafantrag vorausgesetzt — auch eines Vergehens der Körperverletzung nach § 223 StrGB. schuldig zu sprechen.

Tateinheit zwischen § 223 und § 249 StrGB. ist möglich, da die Gewalt gegen eine Person i. S. des § 249 nicht unbedingt eine Körperverletzung zu sein braucht (Olsh. Anm. 10 b zu § 249).

IV. Die Rein hat sich eines Verbrechens der Beihilfe zu einem Verbrechen des versuchten schweren Diebstahls nach §§ 242, 243 Abs. 1 Ziff. 3, 43, 49 StrGB. schuldig gemacht. Sie hat den Schlapp auf die Möglichkeit des Stehlens aufmerksam gemacht, ihm Gegenstand und Lage des Objektes beschrieben; sie hat weiter die Ausführung des Diebstahls dadurch gefördert, daß sie Schlapp den Nachschlüssel gab, damit er den Eingang öffnen könne.

Der Beteiligung am Raub ist sie jedoch nicht schuldig. Die Anwendung von Gewalt gegen Personen hatte sie nicht in ihre Vorstellung aufgenommen und hiermit auch nicht gerechnet, da sie die Station menschenleer glaubte.

V. Die Hübsch hat sich schuldig gemacht eines Vergehens des Widerstandes gegen die Staatsgewalt, eines Vergehens der Gefangenenbefreiung, eines Vergehens der persönlichen Begünstigung, eines Vergehens des Verwahrungsbruchs und eines Vergehens des Verstrickungsbruchs, sämtliche in Tateinheit nach §§ 113, 120, 257, 133, 137, 73 StrGB.

1. Die Hübsch hat sich eines Widerstandes nach § 113 StrGB. schuldig gemacht: sie hat einen Vollstreckungsbeamten während der rechtmäßigen Ausübung seines Amtes tätlich angegriffen. Tätlicher Angriff ist jede in feindseliger Absicht unmittelbar auf den Körper des andern zielende Einwirkung (Olsh. Anm. 25 zu § 113). Zum Tatbestand des § 113 ist nicht erforderlich, daß die Vollstreckungshandlung sich gegen den Täter richtet (Frank Anm. VII zu § 113).

2. Durch die gleiche Handlung hat die Hübsch einen Gefangenen aus der Gewalt des Beamten, unter dessen Begleitung oder Bewachung er sich befand, vorsätzlich befreit: § 120 StrGB. Falsch war gemäß § 127 StrPO. von einem Polizeibeamten vorläufig festgenommen, dadurch des Gebrauchs seiner persönlichen Freiheit beraubt und somit Gefangener i. S. des § 120 (Olsh. Anm. 2 b zu § 120).

Die Hübsch hat dem Kraft den Stoß gegeben, damit er die dem Falsch angelegte Fessel loslasse, was für sie Voraussetzung zur Entführung und endgültigen Befreiung des Falsch war.

3. Durch die gleiche Handlung hat sich die Hübsch eines Vergehens der persönlichen Begünstigung nach § 257 StrGB. schuldig gemacht: Zweck und Ziel ihres Vorgehens war, Falsch, den sie noch nicht erkannt glaubte, der Identifizierung und Bestrafung zu entziehen, denn sie hatte gemerkt, daß er das Geldkistchen zu stehlen versucht und sich dadurch strafbar gemacht hatte.

Hiefür genießt sie keine Straffreiheit nach § 257 Abs. 2, denn sie ist nicht Verlobte i. S. des § 52 Abs. 2 StrGB., wenn ihr auch Falsch die Ehe fest versprochen hat. Das Zustandekommen eines Verlöbnisses i. S. des § 52 Abs. 2 StrGB. wird durch das Bestehen der Ehe einer der beiden Personen, hier des Falsch, gehindert[12]).

4. Durch Wegnehmen des Kistchens hat die Hübsch eine Sache, die von dem zuständigen Beamten in Beschlag genommen worden war, und die sich zur amtlichen Aufbewahrung an einem dazu bestimmten Orte befand, vorsätzlich beiseite geschafft: §§ 133, 137, 73 StrGB. Der Schutzmann Kraft, der hiezu örtlich und sachlich zuständig war, hat das Kistchen gemäß § 94 StrPO. als Beweismittel in Verwahrung genommen, davon Besitz ergriffen und es zur amtlichen Aufbewahrung in das Polizeilokal verbracht und in diesem Lokal das Brett nächst der Tür als vorläufigen Aufbewahrungsort bestimmt[13]). Die Hübsch, die dies beobachtet hatte, war sich dieses Tatbestandes bewußt. Sie hat insbesondere das polizeiliche Wachlokal von ihren wiederholten Besuchen her gekannt, und Kraft daran, daß er Falsch gefesselt in das Wachlokal führte, als Polizeibeamten erkannt.

Sie hat in gewinnsüchtiger Absicht gehandelt, § 133 Abs. 2 StrGB., denn sie wollte dadurch Falsch einen Ver-

[12]) RGSt. Bd. 61, 270 (I. Sen.).
[13]) Vgl. oben StK. 1927 H I 7 Abschn. VIII 2 u. 3.

mögensvorteil verschaffen. Gewinnsüchtiges Handeln liegt auch dann vor, wenn der Vorteil einem Dritten zugewendet werden soll[14]).

Dagegen begründet die Wegnahme des Kistchens nicht auch den Tatbestand des Diebstahls oder des Raubes. Denn die Hübsch will das Geldkistchen nicht sich zueignen, sondern lediglich für Falsch als dessen Beute an einen andern Ort befördern und dort an Falsch weitergeben. Daß sie sich lediglich als Besitzdienerin betrachtet, ergibt sich auch aus ihrem späteren Verhalten, wo sie Falsch für Überlassung des Geldes dankt. In der Wegnahme in der Absicht der Weitergabe ist aber eine Zueignung nicht zu finden (LK. Anm. II B 1 a. E.).

5. Sämtliche Tatbestände werden durch das Tatbestandsmerkmal der Gewaltanwendung gegen Kraft zur Tateinheit zusammengefaßt. Die einheitliche und einmalige Gewaltanwendung bildet nicht nur ein Tatbestandsmerkmal des Widerstandes, sondern stellt auch den Anfang der Ausführung der Gefangenenbefreiung und Begünstigung dar, desgleichen der Wegnahme des Kistchens. Ist auch nur ein Tatbestandsmerkmal mehreren gesetzlichen Tatbeständen gemeinsam und durch eine Handlung verwirklicht, dann liegt Tateinheit vor (Olsh. Anm. 1 und 2 zu § 73).

Insbesondere ist Tateinheit zwischen Gefangenenbefreiung und Begünstigung möglich, da der befreite Gefangene nicht notwendig eine wegen einer strafbaren Handlung gefangen gesetzte Person zu sein braucht[15]) (Olsh. Anm. 20 zu § 257).

VI. Falsch hat sich eines Vergehens der Anstiftung zu einem Vergehen der Gefangenenbefreiung in Tateinheit mit einem Vergehen der Begünstigung nach §§ 120, 257, 48, 73 StGB. schuldig gemacht. Durch seinen Ruf: „Kamerad mach mich los" wollte er die Hübsch bestimmen, ihn zu befreien, um ihn dadurch der Bestrafung zu entziehen. Wenn Selbstbefreiung und Selbstbegünstigung auch straflos sind,

---

[14]) RGSt. Bd. 56, 244 (V. Sen.).
[15]) RGSt. Bd. 57, 301 [302] (II. Sen.).

so ist doch die Anstiftung eines andern hiezu als Teilnahme an einer fremden Tat strafbar (Olsh. Anm. 7 zu § 120; Anm. 27 und 28 zu § 257)[16][17].

Darüber hinaus liegt aber eine Teilnahme des Falsch an dem strafbaren Tun der Hübsch nicht vor. Der Tatbestand läßt nicht erkennen, daß er das Bewußtsein gehabt habe, die Befreiung könne in Gestalt eines tätlichen Angriffs gegen Kraft oder einer sonstigen Widerstandshandlung vor sich gehen. Ebensowenig ist ersichtlich, daß Kraft die Hübsch habe bestimmen wollen, auch das Geldkistchen mitzunehmen.

Die vorliegende strafbare Anstiftung steht in Tatmehrheit zum Raub.

VII. 1. Die Hübsch hat das Geld, das sie ohne Zueignungsabsicht in Gewahrsam genommen hatte, dadurch, daß sie sich Falsch gegenüber für die Überlassung bedankte und es mit nach Hause nahm, sich rechtswidrig zugeeignet: § 246 StrGB. Sie hat dadurch nach außen zu erkennen gegeben, fortab das Geld als ihr Eigentum betrachten und wie ein Eigentümer darüber verfügen zu wollen. Die Absicht, das Geld Falsch auf andere Weise wieder zukommen lassen zu wollen, steht der Annahme nicht entgegen, daß sie es sich zugeeignet hat. Denn gerade die Absicht, es auf andere Weise Falsch wieder zukommen zu lassen, die Absicht also, das Geld in andere Werte umzusetzen, hat eine eigentümergleiche Verfügung über die Substanz zur Voraussetzung, worin das Merkmal des sich Zueignens zu erblicken ist.

Hehlerei liegt nicht vor; denn die Sachen, die die Hübsch an sich und damit in Gewahrsam nahm, war nicht durch eine strafbare Handlung erlangt. Durch die Überwältigung des Falsch und die Beschlagnahme des Kistchens war der Gewahrsam des Falsch, soweit er überhaupt erst im Entstehen war, vernichtet. Falsch hatte keinerlei Gewahrsam mehr, als Hübsch das Kistchen an sich nahm. Zum andern setzt die Hehlerei i. S. des § 259 StrGB. voraus, daß der Wechsel

---

[16]) Vgl. oben: Stpr. 1926 H I. 9 Abschn. II A.
[17]) RGSt. Bd. 61, 31 (II. Sen.).

in der Verfügungsgewalt über die Sache durch einen Übertragungsakt des Vortäters im Einverständnis beider Beteiligten erfolgt (LK. Anm. 3 b zu § 259). Hieran fehlt es hier ebenfalls.

2. Falsch hat sich der Anstiftung zur Unterschlagung, §§ 246, 48 StrGB., schuldig gemacht. Er hat die Hübsch durch den Einfluß, den er auf sie besitzt, bestimmt, das Geld für sich zu verwenden.

VIII. Durch das heimliche Wegholen des Stockes hat sich Falsch eines Vergehens des Verwahrungsbruchs in Tateinheit mit einem Vergehen des Verstrickungsbruchs nach §§ 133, 137, 73 StrGB. schuldig gemacht. Gegenstand des Verwahrungsbruchs kann auch eine dem Täter selbst gehörige Sache sein (LK. Anm. 1 zu § 133). Der Stock war als Beweismittel in amtliche Aufbewahrung genommen worden und zu diesem Zwecke im Wachlokal hinterstellt, befand sich also an einem von dem Polizeibeamten dazu bestimmten Ort. Gewinnsüchtige Absicht liegt nicht vor, da Falsch den Stock nicht holte, um sich einen Vermögensvorteil zu verschaffen, sondern um seine Entlarvung zu verhindern oder doch zu erschweren.

IX. Falsch hat sich durch die Annahme des Silbergeldes einer Hehlerei nach § 259 StrGB. schuldig gemacht. Er wußte, daß das Geld ihm abgenommen und beiseite gestellt, dann aber von der Hübsch mitgenommen und in seiner Wohnung in ihre eigene Verfügungsgewalt übernommen, unterschlagen worden war. Er hat also durch fremde Straftat erlangte Sachen seines Vorteils wegen an sich gebracht.

Dagegen liegt bezüglich Zigarrentasche und 20 *RM*-Schein keine Hehlerei vor. Gegenstand der Hehlerei können nur die durch die Straftat unmittelbar erlangten Gegenstände sein, nicht aber mit gestohlenem Geld angekaufte Sachen oder umgewechseltes Geld (Olsh. Anm. 5 zu § 259).

X. Ob Heim sich durch stillschweigendes Dulden des Aufenthalts von Falsch und Hübsch in der Station zum unzüchtigen Verkehr einer strafbaren Kuppelei schuldig gemacht hat, kann nicht mit Bestimmtheit beurteilt werden. Kuppelei kann auch durch Unterlassen begangen werden, wenn eine

Rechtspflicht zum Einschreiten besteht. Eine solche kann auch auf Verwaltungsrecht beruhen, mit der Übertragung einer bestimmten Stellung verbunden sein. Seine amtliche Bestellung als Vorstand der Station bürdete ihm auch die Rechte und Pflichten des Hausherrn auf. Als solcher durfte er nicht wissentlich dulden, daß in den ihm unterstellten Räumen Pärchen zum Zwecke der Unzucht zusammenkommen. In Frage könnte jedoch nur gewohnheitsmäßige Kuppelei kommen. Gewohnheitsmäßigkeit bezeichnet den aus öfterer Begehung entstandenen, fortwährenden Hang zu wiederholter Begehung. Der Hang muß zur Zeit der Begehung der Einzelhandlung schon vorhanden sein; solche Handlungen, die zur Bildung des Hanges erforderlich waren, können jedoch nicht Gegenstand der Straftat sein[18]). Der Tatbestand enthält hiefür keine ausreichenden Angaben.

[18]) JW. 54, 2136 Nr. 6 (I. Sen.).

Staatsprüfung 1928 Herbst, I. 7.

I.

Es haben sich schuldig gemacht:

1. Schneider eines gemeinschaftlich begangenen Verbrechens der schweren Urkundenvernichtung, ferner eines sachlich damit zusammentreffenden Verbrechens der passiven Bestechung nach §§ 348, 349, 47, 332, 74 StrGB.

2. Frisch eines Vergehens der aktiven Bestechung, eines gemeinschaftlich begangenen Vergehens des gewinnsüchtigen Verwahrungsbruchs und der Urkundenunterdrückung, sämtliche tateinheitlich zusammentreffend, nach §§ 333, 133 Abs. 2, 274 Ziff. 1, 47, 73 StrGB.

3. Berger eines gemeinschaftlich begangenen Vergehens des Verwahrungsbruchs und der Urkundenunterdrückung, beide tateinheitlich zusammentreffend, nach §§ 133 Abs. 1, 274 Ziff. 1, 47, 73 StrGB.

a) 1. Die zwölf Karten der noch nicht abgeschlossenen Kartei sind jede für sich allein eine Urkunde i. S. des § 348 Abs. 2 StrGB. Urkunde i. S. des Abs. 2 ist ein Schriftstück, das vermöge seines gedanklichen Inhalts geeignet und dazu bestimmt ist, wenn auch nur mit andern Beweismitteln und mit Hilfe besonderer Auslegungsbehelfe, im Rechtsleben eine Tatsache zu beweisen, und das seinen Aussteller erkennen läßt[1]). In diesem Sinne ist die Karteikarte dazu bestimmt und geeignet, festzuhalten, daß nach Ansicht der ausstellenden Behörde die auf der Karte bezeichnete Person stimmberechter Reichstagswähler i. S. des Reichswahlgesetzes v. 6. März 1924 (RGBl. I 159)/13. März 1924 (RGBl. I 173) ist. Diese Aussage ergibt sich zwar nicht unmittelbar aus dem Inhalt der Karte an sich, aber aus den §§ 2 und 5 ff. der Reichsstimmordnung v. 14. März 1924 (RGBl. I S. 173),

[1]) RGSt. Bd. 61, 161 (III. Sen.); Bd. 62, 252 [253] (II. Sen.).

die als Auslegungsbehelfe heranzuziehen sind. Die Beweisbestimmung der einzelnen Karteikarten wird nicht dadurch beeinträchtigt, daß die Kartei noch nicht abgeschlossen ist. Der Eintrag in die Kartei beweist nicht ein bestehendes Wahlrecht, sondern ist formelle Voraussetzung der Ausübung des unabhängig von der Eintragung bestehenden materiellen Wahlrechts, eine Voraussetzung, die zu dem materiellen Wahlrecht hinzutreten muß, um die Ausübung des Wahlrechts durch Stimmabgabe zu ermöglichen (§ 2 Abs. 3 der ReichstOrdn.). Die Abschließung der Kartei (§ 22 der ReichstOrdn.) bedeutet lediglich, daß weitere Wahlberechtigte nicht mehr aufgenommen werden können und daß gegen die Aufnahme der in der Kartei verzeichneten Personen keine Einwendungen endgültig bestehen. Die Beweisbestimmung bestand schon während der Zeit der Auslegung der Wahlkarteien, nicht nur dem auf der Karte Verzeichneten, sondern jedem gegenüber, der zur Einsicht in die Kartei berechtigt ist, ebenso wie zur Geltendmachung von Einwendungen.

Das Schriftstück läßt auch seinen Aussteller erkennen. Dazu bedarf das Schriftstück nicht notwendig der Unterschrift; auch braucht der Aussteller nicht persönlich gekennzeichnet zu sein [1]). Es genügt auch hier, wenn der Aussteller lediglich durch Vermittlung äußerer Umstände, auch nur den Beteiligten oder Eingeweihten erkennbar ist [2]). Daß die Karteikarten von dem amtlichen Beauftragten der Behörde ausgestellt sind, ergibt sich aus § 5 der Stimmordnung in Verbindung mit der Aufbewahrung der Kartei in den Amtsräumen und der Beauftragung des Schneider mit der Erledigung der hierauf bezüglichen Geschäfte [3]).

Die Karteikarten sind Schneider auch amtlich anvertraut; dies sind Urkunden auch dann, wenn der Beamte die Verfügungsgewalt über diese Urkunden unmittelbar durch ihre Herstellung erlangt hatte [4]). Amtlich anvertraut ist

---

[2]) Vgl. JW. 54, 979 [980] Nr. 34 (III. Sen.).

[3]) Vgl. RGSt. Bd. 60, 152 [157] (II. Sen.) bzgl. polizl. Meldekarten.

[4]) DJZ. 1927 Sp. 1416 [1417] (III. Sen.).

dem Beamten die Urkunde dann, wenn er sie in amtlichem Gewahrsam hat, um die Gewalt über sie auszuüben, mit der er nach Maßgabe der bestehenden Vorschriften betraut ist.

Schneider ist Beamter i. S. der §§ 348, 359 StrGB. Beamter i. S. des § 359 ist, wer zur Erfüllung der der Behörde obliegenden öffentlichen Aufgaben selbst in einer nicht ganz untergeordneten Art mitzuwirken hat, wozu eine eigene, selbständige, entscheidende Tätigkeit nicht erforderlich ist[5]). Die Dienstdauer ist unerheblich (LK. Anm. 3 zu § 359). Beamter ist auch der Vertragsangestellte, der die oben bezeichnete Tätigkeit auszuüben hat[6]). Diese Voraussetzungen sind in der Person und Tätigkeit des Schneider erfüllt.

Schneider hat die Urkunden durch Verbrennen vernichtet, um sich einen Vermögensvorteil zu verschaffen und um den Wahlberechtigten Schaden zuzufügen. Der Tatbestand des § 349 ist auch dann gegeben, wenn der Täter gegen Gewährung oder Zusage eines Lohnes die Urkunde vernichtet (vgl. LK. Anm. 6 zu § 268).

2. Frisch und Berger haben in bewußtem und gewolltem Zusammenwirken mit Schneider an der Vernichtung der Karteikarten teilgenommen und sind als Mittäter zu bestrafen. Sie haben zwar bei der Vernichtung der Karteikarten nicht unmittelbar mitgewirkt. Die Beteiligung an einer Ausführungshandlung ist jedoch zum Tatbestand der Mittäterschaft nicht erforderlich. Zur Mittäterschaft ist erforderlich und genügend, daß jeder der Beteiligten den ganzen Erfolg verursachen will, daß jeder seine eigene Tätigkeit durch die Teilhandlung des andern als mittelbarer Täter vervollständigen und letztere sich zurechnen lassen will und daß der Täter sich in irgendeiner Weise an der Ausführung beteiligt, sei es direkt durch eigene Setzung eines Tatbestandsmerkmals oder durch Vermittlung des mittelbaren Täters, sei es durch Beihilfe- oder Vorbereitungshand-

---

[5]) JW. 56, 1268 Nr. 25 (I. Sen.); JW. 57, 3251 Nr. 24 (I. Sen.).

[6]) DJZ. 1926, 453 (III. Sen.).

lungen[7]). Diese Erfordernisse sind sowohl bei Frisch wie bei Berger erfüllt. Beider Vorsatz ging dahin, die Gegenpartei zu schädigen. Um dies zu erreichen, haben sie die ihnen dienlich erscheinenden Veranstaltungen getroffen. Sie haben in gemeinsamer Beratung die betreffenden Namen herausgesucht und aufgeschrieben. Berger schlug vor, sich zur unmittelbaren Ausführung des Vorhabens des Schneider zu bedienen; Frisch hat diesen Vorschlag gutgeheißen und Schneider hiefür gewonnen. Sie sind die Drahtzieher, die den Plan ausarbeiten und durch Schneider als ihr Werkzeug verwirklichen lassen. Wenn Berger erklärte, er wolle mit Rücksicht auf seine Stellung sich an der Ausführung der Tat nicht beteiligen, so bedeutet dies kein Aufgeben des deliktischen Vorsatzes, sondern ist die Bekundung der Absicht, seine Pläne aus Zweckmäßigkeitsgründen durch Frisch und weiter durch Schneider verwirklichen zu lassen, um zu dem auch von ihm noch erstrebten Erfolg zu gelangen.

Berger und Frisch haben sich durch diese ihre Tätigkeit je nach § 133 StrGB. schuldig gemacht. § 348 Abs. 2 ist, soweit „vernichten" in Betracht kommt, ein unechtes Beamtendelikt, die Beamteneigenschaft ist straferhöhendes Merkmal gegenüber dem Tatbestand des § 133 StrGB.[8]) (LK. Anm. 18 zu § 348; Vorbem. vor 28. Abschn.). Bei Mittäterschaft trifft die höhere Strafe des § 348 gemäß § 50 StrGB. nur den Beamten (LK. Anm. 9 zu § 47). Unerheblich ist dabei, daß Berger ebenfalls Beamter ist; denn auf ihn treffen die übrigen Tatbestandsmerkmale des § 348 nicht zu; die Karteikarten sind ihm weder amtlich anvertraut noch zugänglich.

Berger hat sich somit in Mittäterschaft eines Vergehens nach § 133 Abs. 1 StrGB. schuldig gemacht; Abs. 2 findet auf Berger keine Anwendung, da er nicht in sein Bewußtsein aufgenommen hatte, Schneider handele um sich einen Vermögensvorteil zu verschaffen. Auf Frisch dagegen findet

---

[7]) JW. 54, 2771 Nr. 3 (I. Sen.) = RGSt. Bd. 58, 279 (I. Sen.); BayZ. 1926, 191 (I. Sen.); JW. 55, 1171 Nr. 6 (II. Sen.); RGSt. Bd. 57, 144 [145] (IV. Sen.).

[8]) JW. 57, 813 [814] Nr. 34 (II. Sen.).

Abs. 2 Anwendung; er hatte in sein Bewußtsein und seinen Vorsatz die Vorstellung aufgenommen, daß Schneider handele, um sich einen Vermögensvorteil zu verschaffen. Diese qualifizierende Absicht bildet keine persönliche Eigenschaft i. S. des § 50 StrGB. (LK. Anm. 2 zu § 50). Sie ist deshalb auch dem Mittäter zuzurechnen, bei dem sie nicht vorliegt[8]). Gewinnsüchtige Absicht i. S. des § 133 Abs. 2 ist gleichlautend mit der Absicht, sich einen Vermögensvorteil zu verschaffen[8]).

b) Frisch und Berger haben sich durch die gleiche Handlung auch je eines gemeinschaftlich begangenen Vergehens nach §§ 274 Ziff. 1, 47 StrGB. schuldig gemacht, denn sie haben Urkunden, die ihnen überhaupt nicht gehören, in der Absicht, einem andern Schaden zuzufügen, vernichtet. Sie wußten, daß die auf den Karteikarten bezeichneten Personen nicht wählen dürfen, wenn sie in der Kartei nicht verzeichnet sind (§ 2 Abs. 3 der Reichsstimmordnung), und erstrebten diesen Erfolg. Bei Schneider ist dagegen Benachteiligungsabsicht nicht festgestellt. Soweit § 274 StrGB. in Betracht kommt, liegt deshalb Mittäterschaft nur im Verhältnis zwischen Frisch und Berger, nicht aber zu Schneider vor.

Die Vernichtung der zwölf Karteikarten ist bei jedem der Angeklagten eine einheitliche Handlung.

Zwischen § 133 und § 274 StrGB. besteht nicht Gesetzeskonkurrenz, sondern Idealkonkurrenz. Die Tatbestände beider Paragraphen decken sich nicht vollständig (LK. Anm. 9a zu § 274; Olsh. Anm. 14 zu § 274).

c) Dagegen haben sich die Angeklagten nicht eines Vergehens nach § 108 StrGB. schuldig gemacht. Sie haben durch ihre Tätigkeit zwar verhindert, daß die zwölf zur Ausübung ihres Wahlrechts an der Wahlurne erschienenen Personen ihr Wahlrecht ausüben konnten, sie haben aber kein „unrichtiges Ergebnis der Wahlhandlung herbeigeführt". Unter dem „Ergebnis der Wahlhandlung" ist nicht das Endergebnis der Wahl zu verstehen. Das Ergebnis der Wahlhandlung liegt vielmehr vor mit der tatsächlich erfolgten

Vornahme der Wahlhandlung seitens des einzelnen Wählers[9]). Unter „Wahlhandlung" ist der Wahlakt, d. h. die Abgabe des Stimmzettels zu verstehen[10]). Der Tatbestand des § 108 setzt deshalb voraus, daß es zu einer Wahlhandlung gekommen, d. h. ein Stimmzettel abgegeben worden ist. Durch § 108 StrGB. wird nur der einzelne Wahlakt geschützt, nicht aber auch die Wahl als solche in ihrer Gesamtheit. Macht es deshalb nach natürlicher Auffassung auch keinen Unterschied, ob das Ergebnis der Wahl als Gesamthandlung i. S. der Stimmabgabe der Wahlberechtigten dadurch unrichtig wurde, daß ein Nicht-Wahlberechtigter infolge irrigen Eintrags in die Wählerliste seine Stimme abgeben konnte, oder dadurch, daß einem Wahlberechtigten es dadurch unmöglich gemacht wurde, seine Stimme abzugeben, daß seine Eintragung in die Wählerliste durch unerlaubte Handlung wieder beseitigt wurde, die herrschende Meinung beschränkt den Schutz des § 108 auf die rechtliche Integrität der Einzel-Wahlhandlung (Olsh. Anm. 1a zu § 108; LK. Anm. 3 Abs. 2 zu § 108; vgl. auch DJZ. 1922, 194 [V. Sen.]).

d) Frisch hat sich ferner durch die gleiche Handlung eines Vergehens der aktiven Bestechung nach § 333 StrGB. schuldig gemacht; denn er hat den Schneider, der, wie oben schon dargelegt, Beamter i. S. der §§ 333, 359 StrGB. ist, dadurch, daß er ihm eine Belohnung in Aussicht stellte, einen Vorteil versprochen, um ihn zu einer Handlung, die eine Verletzung seiner Amts- oder Dienstpflicht enthält, zu bestimmen, nämlich, die Karteikarten, die ihm anvertraut waren, unberechtigt, der Vorschrift zuwider, zu beseitigen. Unter Vorteilen sind freiwillige, unentgeltliche Zuwendungen materieller Art zu verstehen (Olsh. Anm. 3b zu § 331). Eine solche Zuwendung hatte Frisch im Auge, als er die Belohnung versprach.

Die Bestechung steht in Tateinheit mit den übrigen, dem Frisch zur Last liegenden strafbaren Handlungen, denn sie

---

[9]) RGSt. Bd. 20, 420 [422] (III. Sen.).

[10]) DJZ. 1922, 194 (V. Sen.).

bildet einen Teil der Handlungen, durch die Frisch den Schneider zum Mittäter gewann, um die Absicht der Vernichtung der Karteikarten zu verwirklichen.

e) Die Strafe ist zu entnehmen:

1. Bei Frisch: dem § 274 StGB. In den §§ 133, 274, 333 sind gleiche Höchststrafen angedroht; bei Gleichheit der Strafart und Gleichheit der Höchststrafe ist, zunächst ohne Rücksicht auf die Mindeststrafe, diejenige Strafe die härtere (§ 73 StGB.), die eine Nebenstrafe zuläßt (LK. Anm. 4b zu § 73). Im Verhältnis vom Verlust der bürgerl. Ehrenrechte (§§ 133 Abs. 2 und 333) zu Geldstrafe (§ 274) ist Geldstrafe die härtere Nebenstrafe (LK. Anm. 9a zu § 274).

2. Bei Berger dem § 274 StGB.

3. Bei Schneider dem § 349 StGB.

f) Schneider hat sich durch Annahme des Belohnungsversprechens und der Bewirtung eines Verbrechens nach § 332 StGB. schuldig. Annahme des Versprechens der Belohnung und Annahme der Bewirtung selbst bilden eine einheitliche Handlung. Die Belohnung wurde ihm für die Entfernung der Karteikarten, also für eine dienstpflichtwidrige Handlung versprochen und gewährt.

Die passive Bestechung steht mit der Urkundenvernichtung in sachlichem Zusammenhang (LK. Anm. 6 zu § 332).

II.

1. a) Frisch hat dadurch, daß er auf den Namen des Stark die Wahl ausübte, sich eines Vergehens der Wahlfälschung nach § 108 Abs. 2 StGB. schuldig gemacht. Durch die Stimmabgabe unter fremdem Namen hat er ein unrichtiges Ergebnis der Wahlhandlung herbeigeführt. Das Wahlergebnis soll der unverfälschte Ausdruck des gesetzmäßig erklärten Willens der Wähler sein (RGSt. Bd. 37, 233 [237] [III. Sen.]). Der Wille ist aber nicht gesetzmäßig erklärt, wenn er von einer Person erklärt ist, die nicht in die Wählerliste aufgenommen ist; denn die Aufnahme in die

Wählerliste ist gesetzliche Voraussetzung für die Ausübung des Wahlrechts. Da nicht das Endergebnis der Wahl als Gesamthandlung, sondern nur der durch die Einzel-Stimmabgabe sich vollziehende Wahlakt in Betracht kommt, so ist es für die strafrechtliche Würdigung des Vorgehens des Frisch ohne Bedeutung, wenn er in seinem Stimmbezirk auf die Stimmabgabe verzichtet haben sollte. Das Delikt war in dem Augenblick vollendet, in dem er unter falschem Namen seine Stimme abgegeben und der Wahlvorsteher den Stimmzettel in die Wahlurne geworfen hatte. Es genügt nicht, daß Frisch irgendwo in die Wählerliste eingetragen ist. Sein Wahlrecht darf er — mangels eines Wahlscheins — nur in dem Stimmbezirk ausüben, in dem er in die Wählerliste eingetragen ist, in dem also die formalen Voraussetzungen für die Ausübung des Wahlrechts nachgeprüft werden können (§ 14 RWGes., § 2 Abs. 4 der RStOrdn.). Zur äußeren formalen Legalität der Wahl, auf die sich ebenfalls der Schutz des § 108 StrGB. erstreckt, gehört somit auch die Nachprüfung, ob die an der Wahlurne erscheinende Person in die Wählerliste eingetragen ist. Der Wähler hat seinen Willen aber nicht in gesetzmäßiger Weise erklärt, wenn er durch Angabe eines falschen Namens die Prüfung unmöglich gemacht hat, ob er unter seinem richtigen Namen eingetragen ist.

b) Durch die gleiche Handlung hat sich Frisch einer Übertretung der falschen Namensangabe nach § 360 Ziff. 8 StrGB. schuldig gemacht. „Zuständig" i. S. dieser Ziffer ist derjenige Beamte, dem ein Recht auf die Erforschung des Namens zukommt (LK. Anm. VIII, 14 zu § 360). Da der Wahlvorsteher nur den zur Wahl zulassen darf, dessen Name in die Wählerliste eingetragen ist, so hat er ein Recht auf Erforschung des Namens des Wählers. Der Wahlvorsteher ist somit zuständiger Beamter i. S. des § 360 Ziff. 8 (RGSt. Bd. 40, 201). Für das Tatbestandsmerkmal des „sich bedienen" ist es gleichgültig, ob der Täter den Namen wortdeutlich nennt, oder durch Vorlage der den Namen enthaltenden Karte zu erkennen gibt, daß er den darauf verzeichneten Namen als den ihm zukommenden angebe.

2. Lina Stark hat Frisch durch Aushändigung der Karte objektiv Beihilfe zur Wahlfälschung geleistet; denn durch die Vorlage der Karte wurde ihm die Stimmabgabe unter fremdem Namen erleichtert. Die Namensangabe, die durch Vorlage der Karte erfolgte, ist ein integrierender Bestandteil der Stimmabgabe. Denn ohne Namensangabe ist die Stimmabgabe nicht möglich, und letztere folgt so regelmäßig der ersteren, daß beide nach natürlicher Auffassung als eine einheitliche Handlung zu erachten sind. Unter jede für einen gewissen Tatbestand aufgestellte Strafbestimmung fallen alle Handlungen, die nach der Natur der Verhältnisse stets oder doch regelmäßig notwendig sind, um den zu ihrem Tatbestand gehörenden Erfolg herbeizuführen. Gleichviel, ob jene Handlungen als das notwendige oder auch nur als das regelmäßig anzuwendende Mittel zur Begehung der Straftat, oder ob sie als Bestandteile ihres Tatbestandes angesehen werden, stets umfaßt die gegen die Straftat sich richtende Strafdrohung zugleich alle derartigen Tätigkeitsakte [11]).

Dafür, daß Lina Stark auch den subjektiven Tatbestand erfüllt, ist jedoch kein genügender Beweis erbracht. Zum subjektiven Tatbestand ist nicht ausreichend, daß Lina Stark weiß, daß Frisch mit Hilfe der Wahlkarte wählen wird. Erforderlich ist das Bewußtsein, daß Frisch durch die Ausübung der Wahl ein unrichtiges Ergebnis der Wahlhandlung herbeiführt. Ob durch die Wahlbetätigung des Frisch das Ergebnis der Wahlhandlung unrichtig wird, läßt sich nach den Umständen des vorliegenden Falles allein nach den Bestimmungen des Reichswahlgesetzes und der ReichsstOrdn. entscheiden. Diese lassen die Ausübung des Wahlrechts durch einen Stellvertreter nicht zu. Lina Stark konnte deshalb das Bewußtsein, das Ergebnis der Wahlhandlung werde dadurch unrichtig, daß Frisch an Stelle ihres Vaters die Wahl ausübe, nur dann gehabt haben, wenn sie wußte, daß die Ausübung der Wahl nur von dem Wahlberechtigten persönlich, nicht auch durch Stellvertreter vorgenommen

---

[11]) RGSt. Bd. 59, 321 [325/26] (I. Sen.).

werden darf. Das Tatbestandsmerkmal „unrichtig“ erhält seinen Inhalt aus einem Gesetz außerhalb des Strafgesetzes; ein Irrtum über den Inhalt des „unrichtig“ ist somit ein beachtlicher außerstrafrechtlicher Rechtsirrtum. Der Tatbestand des § 108 StrGB. kann nur vorsätzlich begangen werden; dolus eventualis genügt. Daß die Lina Stark Bedenken gegen die Zulässigkeit eines solchen Vorhabens hatte, besagt, daß sie zweifelte, ob Frisch an Stelle ihres Vaters die Wahl ausüben dürfe. Daraus geht aber nicht hervor, daß sie ihm die Karte auch für den Fall geben und die Wahlausübung durch Hingabe der Karte auch dann erleichtern wollte, wenn das Vorhaben des Frisch keine zulässige Wahlausübung sei.

3. Friedrich Stark hat sich keiner strafbaren Handlung schuldig gemacht.

a) Intellektuelle Urkundenfälschung, etwa begangen dadurch, daß er sich der Wahrheit zuwider als deutschen Reichsangehörigen in das Formblatt einschrieb, wissend, daß diese unrichtige Angabe in die Wahlkartei übernommen werde, liegt nicht vor. § 271 betrifft nur solche öffentliche Urkunden, Register usw., deren Beweiskraft sich auf den Inhalt der Urkunde, des Registers usw. miterstreckt und zwar nicht nur für ein bestimmtes Verfahren, sondern für und gegen jedermann (Olsh. Anm. 6 Abs. 2 zu § 271). Der Eintrag in die Wahlkartei ist aber weder geeignet noch bestimmt, weder die Staatsangehörigkeit noch das Wahlrecht des Eingetragenen zu beweisen.

b) Auch liegt weder Wahlfälschung noch Teilnahme an einer solchen vor. Das Bewirken des unzulässigen Eintrags in die Wahlkartei ist kein Teil der Wahlhandlung, wie sich aus dem oben Ausgeführten ergibt. Teilnahme, Beihilfe, an der Wahlfälschung des Frisch liegt nicht vor, da Stark nicht wußte und wollte, daß Frisch sich der Karte bediene, um das Wahlrecht auf den Namen des Stark auszuüben.

4. Frisch hat sich dadurch, daß er am Abend des Wahltages den Schneider mit Mitteln des Wahl-Werbungsfonds bewirtete, weder einer Unterschlagung noch einer Untreue

schuldig gemacht. Es fehlt das Bewußtsein der Rechtswidrigkeit der Zueignung bzw. das Bewußtsein, zum Nachteil des Auftraggebers zu handeln. Daß das Versprechen der Belohnung gegen die guten Sitten verstieß, schließt ein Einverständnis der Verfügungsberechtigten nicht aus und deshalb auch nicht den Glauben des Frisch an ein solches Einverständnis.

Staatsprüfung 1928 Herbst, I. 8.

I. Beanstandungen am Verfahren des Amtsrichters:

1. Die Aussetzung der Hauptverhandlung vom 13. März 1928 war nicht angezeigt.

a) Der Angeklagte hat zwar nach § 217 StrPO. Anspruch auf Einhaltung der Ladungsfrist, und zwar auch bei Vorverlegung des Termins, derart, daß zwischen Zustellung der neuen Ladung und dem Termin eine Frist von einer Woche liegen muß[1]) (Löwe Anm. 1b zu § 217). Der Angeklagte kann jedoch auf die Einhaltung der Ladungsfrist verzichten (Löwe Anm. 2a zu § 217). Der Verzicht kann auch durch schlüssige Handlung erklärt werden. Ein solcher Verzicht ist in dem Antrag auf Vorverlegung des Termins zu erblicken; denn der Antrag war ohne Beschränkung gestellt und kann vernünftigerweise nicht anders denn als Verzicht auf die Einhaltung der Ladungsfrist aufgefaßt werden. Ein Widerruf eines derartigen Verzichts ist aber unzulässig (Löwe Anm. 2a zu § 217). Der Antrag wäre als unzulässig zurückzuweisen gewesen.

b) Auf Antrag des als Beistand zugelassenen Vormundes war die Hauptverhandlung wegen Nichteinhaltung der Ladungsfrist überhaupt nicht auszusetzen. Der Beistand hat keinen Anspruch auf Einhaltung einer Ladungsfrist, denn er ist nicht einmal förmlich zu laden (Löwe Anm. 5b zu § 149); er ist lediglich von dem Termin rechtzeitig zu benachrichtigen (§ 46 Abs. 3 der Bayr. Dienstvorschrift für Strafsachen v. 8. Februar 1926 [GVBl. S. 1]). Die Benachrichtigung war aber rechtzeitig erfolgt.

2. Die mündliche Vorladung der Beteiligten auf den Termin v. 2. April 1928 war unzulässig. Nur die Fortsetzung einer Hauptverhandlung darf mündlich verkündet

---

[1]) JW. 57, 2250 Nr. 48 (II. Sen.).

werden; zu einer neuen Hauptverhandlung dagegen müssen die Beteiligten von neuem geladen werden (Löwe Anm. 5 zu § 229). Die Ladung des Angeklagten kann nur nach Maßgabe des § 216 StrPO. erfolgen. Diese Vorschrift geht als die speziellere der allgemeinen des § 35 Abs. 1 StrPO. vor.

3. Die Vorführung des Angeklagten in die Hauptverhandlung vom 2. April 1928 war unzulässig. Vorführungsbefehl kann nur gegen den „ausgebliebenen" Angeklagten erlassen werden: § 230 StrPO. „Ausbleiben" kann aber nur ein Angeklagter, der ordnungsgemäß geladen ist[2]) (Löwe Anm. 5 zu § 230). Eine ordnungsmäßige Ladung lag aber nicht vor.

4. Die neuerliche Aussetzung der Hauptverhandlung war ebenfalls nicht gerechtfertigt aus dem Grunde, daß in der Anklageschrift keine Beweismittel bezeichnet seien. Die in § 200 Abs. 1 StrPO. für die Staatsanwaltschaft aufgestellte Pflicht, die Beweismittel anzugeben, ist eine Pflicht dem Gericht gegenüber. Will der StA. oder will das Gericht zu der Hauptverhandlung Zeugen laden, die in der Anklageschrift nicht benannt und dem Angeklagten noch nicht zur Kenntnis gebracht sind, so hat es diese gemäß § 222 Abs. 2 StrPO. dem Angeklagten rechtzeitig mitzuteilen. Ist dies nicht geschehen, so ist eine Aussetzung der Hauptverhandlung, aber nur nach Maßgabe des § 246 Abs. 2—4 StrPO. gerechtfertigt. Der Angeklagte konnte deshalb nur dann die Aussetzung beantragen, wenn ihm die zur Einziehung von Erkundigungen erforderliche Zeit gefehlt hat. Kann nun die Aussetzung nicht schon aus dem Grunde erfolgen, weil die Beweismittel nicht in die Anklageschrift aufgenommen seien, so kann doch das Vorbringen des Angeklagten dahin interpretiert werden, daß er Aussetzung beantrage, weil ihm die Zeugen zu spät bekannt geworden seien und er keine Zeit zur Einziehung von Erkundigungen gehabt habe. Über einen solchen Antrag entscheidet das Gericht gemäß § 246 StrPO. nach seinem

[2]) Vgl. zu demselben Begriff in § 329: JW. 56, 2049 Nr. 76 (III. Sen.).

freien Ermessen, jedoch unter Berücksichtigung seiner Pflicht zur Wahrheitserforschung (§ 155 StrPO.) und des Verteidigungsinteresses des Angeklagten (§ 338 Ziff. 8 StrPO.). Das Verteidigungsinteresse des Angeklagten ist jedoch nicht beeinträchtigt, wenn die Hauptverhandlung aus dem Grunde der Nichtbezeichnung der Zeugen in der Anklageschrift oder in der Ladung nicht ausgesetzt wird. Durch den Zeugenaufruf in der Hauptverhandlung vom 13. März 1928 waren dem Angeklagten auch die in der Verhandlung vom 2. April 1928 erschienenen Zeugen bekannt geworden.

5. Rechtlich unmöglich ist der Beschluß, daß die Anklageschrift durch die Angabe der Beweismittel zu ergänzen sei. Angabe der Beweismittel in der Anklageschrift war nach § 200 Abs. 1 StrPO. Pflicht der Staatsanwaltschaft, und der eröffnende Richter hätte die Anklageschrift der StA. zum Zwecke der Ergänzung s. Zt. vor Eröffnung des Hauptverfahrens zurückgeben können (Löwe Anm. 12 zu § 200). Der erkennende Richter konnte aber weder mit Wirkung für das Gericht noch mit Wirkung für die StA. die Ergänzung der Anklageschrift beschließen; ersteres nicht, weil es allein Sache der StA. ist, die Anklage zu fertigen und allenfalls zu ergänzen, letzteres nicht, weil das Gericht der StA. keine Weisungen geben kann, es sei denn, daß besondere, hier nicht in Betracht kommende, Vorschriften gegeben sind, die die StA. w. z. B. in § 208 Abs. 1 StrPO. verpflichten, auf eine bestimmte Willensäußerung des Gerichts hin eine bestimmte Prozeßhandlung vorzunehmen.

6. Ebensowenig war die neuerliche Zustellung der durch die Beweismittel ergänzten Anklageschrift gerechtfertigt. Selbst wenn eine Mitteilung der Anklageschrift gemäß § 201 Abs. 1 StrPO. notwendig war, weil das Ergebnis der Ermittlungen in die Anklageschrift aufgenommen war, so konnte doch niemals die Mitteilung der Anklageschrift nach Eröffnung des Hauptverfahrens wiederholt werden. Die Mitteilung von nachträglich benannten Beweismitteln erfolgt formlos gemäß § 222 StrPO.

7. Das Abtretenlassen des Nebenklägers, weil er zugleich Zeuge sei, war unzulässig. Die Vorschrift des § 243

Abs. 4 StrPO. findet auf einen Zeugen, der zugleich Nebenkläger ist, keine Anwendung; der Nebenkläger darf, unbeschadet seiner Zeugenschaft, der ganzen Hauptverhandlung anwohnen (Löwe, Anm. 11 zu § 243).

8. a) Ungerechtfertigt war das Eintreten in eine Beweiserhebung über den Ablehnungsgrund. Das Ablehnungsgesuch, das bis zur Verlesung des Eröffnungsbeschlusses hätte angebracht werden müssen, war verspätet (§§ 25, 31 StrPO.) und war deshalb sofort als unzulässig zurückzuweisen.

b) Aber auch vom Standpunkt des erkennenden Richters aus, der beide Ablehnungsgesuche offensichtlich als noch rechtzeitig angebracht erachtete, waren die getroffenen Maßnahmen, soweit sie den erkennenden Richter selbst betrafen, unzulässig. Über ein gegen den erkennenden Richter rechtzeitig gestelltes Ablehnungsgesuch hätte das übergeordnete Landgericht zu entscheiden gehabt (§ 27 Abs. 3 StrPO.). Insoweit hätte der erkennende Richter weder in die Beweisaufnahme eintreten, noch, sofern er es nicht für begründet erachtet, eine sachliche Entscheidung treffen dürfen. Über ein rechtzeitig gestelltes, gegen den Urkundsbeamten gerichtetes Ablehnungsgesuch hätte der erkennende Richter zu befinden gehabt (§ 31 Abs. 1 und 3 StrPO.).

9. a) Unzulässig war der Eintritt in die Hauptverhandlung wegen Hausfriedensbruchs. Der Hausfriedensbruch war gegenüber der im Eröffnungsbeschluß allein bezeichneten Körperverletzung eine andere Tat i. S. des § 266 StrPO., und konnte nur auf Antrag des Amtsanwalts zum Gegenstand derselben Aburteilung gemacht werden (§ 266 Abs. 1 StrPO.). Der Amtsanwalt stellte aber keinen solchen Antrag. Der Antrag des Nebenklägers steht aber dem Antrag des Amtsanwalts nicht gleich, vermag diesen nicht zu ersetzen. Gemäß § 397 StrPO. hat der Nebenkläger nach erfolgtem Anschluß die Rechte des Privatklägers, nicht die des Staatsanwalts.

Es liegt aber auch keine rechtsgültig erhobene Privatklage vor. Der Privatkläger kann die Klage nur in den Formen des § 381 StrPO. erheben; eine solche Klageerhebung liegt aber nicht vor. Auch die zu Protokoll des Gerichtsschreibers erhobene Klage muß den Erfordernissen des § 200 Abs. 1 StrPO. entsprechen. Diesen entspricht aber der von dem Protokollführer zu Protokoll genommene Antrag nicht.

b) Da eine öffentliche Klage nicht erhoben war, war auch ein Anschluß als Nebenkläger aus Rechtsgründen unmöglich (§ 395 StrPO.). Eine Zulassung war aber auch schon um deswillen unzulässig, weil keine gültige Anschlußerklärung vorlag. Die Anschlußerklärung ist gemäß § 396 StrPO. bei Gericht schriftlich einzureichen. Eine Erklärung zu Protokoll des Gerichtsschreibers genügt nicht (Löwe, Anm. 1 zu § 396).

10. a) Ebenso war der Eintritt in die Hauptverhandlung wegen Mundraubs unzulässig. Neben dem Antrag des StA. ist auch die Zustimmung des Angeklagten erforderlich, wenn eine im Eröffnungsbeschluß nicht bezeichnete andere Tat zum Gegenstand derselben Aburteilung gemacht werden will. Der Mundraub ist eine andere Tat i. S. des § 266 StrPO. Eine Zustimmung des Angeklagten liegt nicht vor; eine solche liegt nur dann vor, wenn sie unzweideutig erklärt ist (Löwe, Anm. 7a zu § 266). Dies ist aber nicht der Fall; der Angeklagte hat sich gegen seine voreilige Aburteilung gewendet und dadurch zu erkennen gegeben, daß er mit seiner sofortigen Aburteilung wegen Mundraubs nicht einverstanden sei.

Die erforderliche Zustimmung des Angeklagten kann durch die Zustimmung seines Vormunds nicht ersetzt werden. Die Vorschriften des bürgerlichen Rechts über Geschäftsfähigkeit und Prozeßfähigkeit finden auf den Strafprozeß keine Anwendung. Der gesetzliche Vertreter ist keineswegs Stellvertreter des Beschuldigten im Verfahren; Erklärungen des gesetzlichen Vertreters können nicht als Erklärungen des Beschuldigten behandelt werden (Löwe Ziff. 3 der Vorbem. vor § 137).

b) Außerdem stand dem Eintritt in die Verhandlung die Verjährung der Strafverfolgung entgegen und der Mangel eines rechtzeitigen Strafantrags. Mundraub ist Übertretungs- und Antragsdelikt: § 370 Abs. 1 Ziff. 5 u. Abs. 2 StrGB. und § 1 Abs. 3 StrGB. Nach § 67 Abs. 3 StrGB. verjährt die Strafverfolgung von Übertretungen in 3 Monaten. Gemäß § 67 Abs. 4 StrGB. war die Verjährung der am 20. Januar 1928 begangenen Übertretung mit dem Ablauf des 19. April 1928 eingetreten. Die Verjährung ist ein Prozeßhindernis und in jeder Lage des Verfahrens von Amts wegen zu prüfen (Löwe, Anm. 17 und 18 vor § 151).

Der nach § 370 Abs. 2 StrGB. erforderliche Strafantrag war gemäß § 61 StrGB. binnen 3 Monaten von dem Tag an zu stellen, an dem Wurstmann von dem Mundraub und dem Täter Kenntnis erlangt hatte. Dies war der 20. Januar 1928. Die Antragsfrist war deshalb mit Ablauf des 19. April 1928 verstrichen. Der Strafantrag ist Klagevoraussetzung. Da diese Klagevoraussetzung fehlte, war der Eintritt in die Verhandlung auch aus diesem Grunde abzulehnen (Löwe, Anm. 20 vor § 151).

11. a) § 258 ist nicht beachtet. Dem Anklagevertreter und dem Nebenkläger wurde laut Protokoll (§ 273 StrPO.) nicht das Wort zu ihren Ausführungen und Anträgen erteilt.

b) Die Beweisanträge des Angeklagten sind nach ihrem Inhalt Hilfsanträge, für den Fall, daß nicht ohne weiteres Freisprechung vom Vergehen des Hausfriedensbruchs und der Übertretung des Mundraubs erfolge. Wenn dieser Hauptantrag auch nicht ausdrücklich gestellt ist, so ist doch diese Willensäußerung des Angeklagten dem Inhalte seiner Anträge zu entnehmen. Nach Schluß der Beweisaufnahme hilfsweise neben einem Hauptantrag gestellte Beweisanträge bedürfen keiner Verbescheidung vor der Urteilsfällung, die Beschlußfassung kann vielmehr mit der Urteilsverkündung verbunden und die Begründung des Beschlusses mit der des Urteils verknüpft werden[3]). Die vorliegenden Beweisanträge brauchten deshalb vor Urteilsfällung nicht verbeschieden zu werden. Sie haben jedoch bei der Urteilsver-

[3]) JW. 54, 2332 Nr. 1 (BayObLG.); DRZ. 1928, 194 Nr. 418 (II. Sen.); RGSt. Bd. 57, 261 [262/263] (IV. Sen.); Bd. 61, 273 (I. Sen.).

kündung und in der Urteilsbegründung nicht ihre ordnungsmäßige Erledigung gefunden. Einmal fehlt es an einer unzweideutigen klaren Stellungnahme zu den Beweisanträgen, die erkennen ließe, ob dem Gericht bei der Urteilsberatung die Stellung der Beweisanträge noch gegenwärtig und es sich seiner Pflicht zur Verbescheidung der Anträge bewußt war. Wenn aber die Unterstreichung der Glaubwürdigkeit des Zeugen Wurstmann eine Andeutung geben soll, daß es auf die Erhebung jener Beweise nicht mehr ankomme, weil Wurstmann unbedingt glaubwürdig sei, so wäre hierin eine bedenkenfreie Würdigung des angebotenen Beweises nicht zu erblicken. Ein Eingehen auf den angebotenen Beweis ist darin nicht enthalten. Ein angebotener Beweis ist nicht schon deshalb unerheblich, weil ein bereits vernommener Zeuge schon das Gegenteil ausgesagt hat; ohne den Zeugen selbst gehört und einen unmittelbaren Eindruck von seiner Persönlichkeit bekommen zu haben, kann das Gericht seiner Aussage nicht jeglichen Beweiswert absprechen.

12. a) Die Einstellung des Verfahrens wegen Körperverletzung war rechtsirrig, denn der nach §§ 223, 232 StrGB. erforderliche Strafantrag war form- und fristgerecht gestellt; er war in der Anschlußerklärung als Nebenkläger enthalten. Der Strafantrag braucht nicht als solcher bezeichnet zu sein; es genügt, wenn der Wille erkennbar ist, daß die Tat verfolgt werde; dieser Wille ist in dem Anschluß als Nebenkläger zu erblicken (LK. Anm. 9c zu § 61).

Infolgedessen ist auch die Kostenentscheidung unrichtig. Aber selbst wenn das Verfahren einzustellen gewesen wäre, wäre die Entscheidung unrichtig; denn dann hätte der Nebenkläger seine Auslagen selbst zu tragen, und zwar ohne daß es eines förmlichen Ausspruchs darüber bedarf (Löwe, Anm. 4b zu § 397 und Anm. 4a zu § 467).

b) Ebenso ist die Form der Einstellung unrichtig; nach § 260 StrPO. kann die Einstellung des Verfahrens als Abschluß einer Hauptverhandlung nur in Form des Urteils erfolgen.

13. a) Die Verurteilung wegen Hausfriedensbruchs erfolgte zu Unrecht. Das Verfahren, auf Grund dessen die

Verurteilung erfolgte, entbehrte jeder prozeßordnungsmäßigen Grundlage. Das Verfahren wäre deshalb einzustellen gewesen[4]). Eine solche Einstellung steht, da sie keinen sachlichen Inhalt hat, sondern reine Prozeßentscheidung ist, der neuerlichen ordnungsmäßigen Klageerhebung nicht entgegen[4]).

b) Das Verfahren wegen Mundraubs war unbeschadet der oben behandelten Unzulässigkeit des Verfahrens schon wegen Verjährung der Strafverfolgung wie wegen Mangels des erforderlichen Strafantrags einzustellen.

c) Die Kosten wären infolgedessen der Staatskasse aufzuerlegen gewesen, wobei bezüglich des Nebenklägers das bereits oben Gesagte gilt.

Wäre die Verurteilung zu Recht erfolgt, so hätte es eines besonderen Ausspruches darüber, daß der Angeklagte auch die Kosten der Nebenklage zu tragen hat, nicht bedurft. Der in die Tragung der Kosten verurteilte Angeklagte hat die baren Auslagen des Nebenklägers ohne weiteres zu tragen (Löwe, Anm. 4a zu § 397).

d) Rechtsirrig war die Einziehung des Messers, das zur Übertretung des Mundraubs benutzt wurde. Eine Einziehung findet gemäß § 40 StrGB. nur bei vorsätzlichen Verbrechen und Vergehen statt, nicht aber bei Übertretungen.

II. Rechtsmittel.

1. Gegen den Einstellungsbeschluß ist ausschließlich die Beschwerde zulässig. Für die Art des zulässigen Rechtsmittels ist die Form, nicht der Inhalt der Entscheidung maßgebend (Löwe, Anm. 4a vor § 296)[5]). Die Beschwerde ist die unbefristete. Der Einstellungsbeschluß ist einer Rechtskraft nicht fähig. Beschwerdegrund ist die Einstellung des Verfahrens, die zu Unrecht erfolgte, da rechtzeitiger Strafantrag vorlag. Die Strafkammer hat den Beschluß aufzuheben und die Strafsache, die durch den Beschluß nicht er-

---

[4]) Vgl. für das gleichzeitige Fehlen von Anklageschrift u. Eröffnungsbeschluß dem der vorliegende Fall gleichzustellen ist. JW. 57, 2226. Nr. 61 (I. Sen.).

[5]) Teilweise a. A. KG. in DJZ. 1929 Sp. 1553 = JW 58, 1894 Nr. 7.

ledigt wurde, sondern anhängig blieb, an das Amtsgericht zur urteilsmäßigen Erledigung zurückzugeben. Sie wird das mit der entsprechenden Rechtsbelehrung tun.

2. Das Urteil stellt sich hinsichtlich seiner beiden Gegenstände, des Mundraubs wie des Hausfriedensbruchs, als ein einheitliches Ganzes, als ein Urteil i. S. des § 313 StrPO. dar[6]. Es ist deshalb auch bezüglich der Übertretung Berufung zulässig[6]. Bezüglich des Hausfriedensbruchs könnte in der Berufung geltend gemacht werden, daß weder Anklage noch Eröffnungsbeschluß, noch das Surrogat nach § 266 StrPO. vorliege; ferner, daß die Zulassung des Nebenklägers zu Unrecht erfolgt sei. Es genügt jedoch die allgemeine Berufungseinlegung.

Bezüglich des Mundraubs könnte bei Berufungseinlegung Mangel des Strafantrags, Verjährung und unzulässige Einziehung des Messers gerügt werden.

Die Strafkammer wird in beiden Fällen das Urteil der Vorinstanz aufheben und das Verfahren einstellen. Eine solche Entscheidung ist reine Prozeßentscheidung und steht als solche der Verfolgung eines Delikts in ordnungsmäßigem Verfahren nicht entgegen.

Das Urteil könnte bezüglich des Mundraubs auch mit der Revision angegriffen werden, und zwar mit der Sprungrevision, die die Geltendmachung von Verfahrensrügen ausschließt (§ 340 StrPO.).

Die Revision kann sowohl mit Verletzung der Vorschriften über die Verjährung wie über den Mangel des Strafantrags begründet werden. Beide sind Rügen gemischten Charakters[7]. Ausreichend wäre die Rüge der Verletzung des § 40 StrGB. Denn da Verjährung und Mangel des Strafantrags in jeder Lage des Verfahrens von Amts wegen zu prüfen sind, wäre die Einstellung des Verfahrens sichergestellt, trotz der Beschränkung des Rechtsmittels[8].

---

[6] JW. 55, 1237 Nr. 5 (BayObLG.); vgl. Stpr. 1927 F. I. 8.

[7] JW. 58, 943 [944] Nr. 2 (BayObLG.); LZ. 1926, 755 Nr. 2 (BayObLG.).

[8] Vgl. BayZ. 1927, 141 Nr. VI (I. Sen.).

Staatsprüfung 1929, I. 6.

1.

I. Wegen der verschiedenen Diebstähle auf seinen Arbeitsstellen kann Gleich wegen Diebstahls, § 242, verfolgt werden; ob mehrere selbständige Einzelhandlungen vorliegen, oder ob Fortsetzungszusammenhang anzunehmen ist, dafür gibt der Tatbestand keine genügenden Anhaltspunkte. Die Einheitlichkeit des Zieles, die gestohlenen oder zu stehlenden Sachen zum Zwecke der Geldfälschung zu verwenden, würde zur Annahme eines Fortsetzungszusammenhanges nicht genügen[1]); ebensowenig die allgemeine Absicht, bei sich bietender Gelegenheit auf der einen oder einer anderen Arbeitsstelle einen passenden Gegenstand sich anzueignen[2]). Der einmal gefaßte Entschluß, das erforderliche Material zu stehlen, genügt nicht, um die in Ausführung dieses Entschlusses begangenen einzelnen Handlungen zu einer einheitlichen Gesamthandlung zusammenzufassen. Erforderlich ist vielmehr ein einheitlicher Vorsatz, der die zur abschnittsweisen Herbeiführung des gegenständlich von vornherein bestimmten Gesamterfolges vorzunehmenden Einzelhandlungen in ein solches zeitliches und inneres Verhältnis zueinander rückt, daß sie nach natürlicher Auffassung als eine einheitliche Handlung aufgefaßt werden können[3]) (vgl. Olsh. Anm. 8 zu § 73).

II. a) Gleich und Huß können wegen eines gemeinschaftlich begangenen fortgesetzten Münzverbrechens nach §§ 146, 47, 4 Abs. 2 Ziff. 1 RStrGB. verfolgt werden, Gleich wegen seiner Münzfälschungen, die er von August 1926 bis Dezember 1927 in Berg begangen und in Wien vom Januar bis Oktober 1928 fortgesetzt hat, Huß wegen

---

1) RGSt. Bd. 60, 241 [242] (II. Sen.); JW. 53, 1873 Nr. 1 (I. Sen.).
2) JW. 55, 2540 Nr. 1 (I. Sen.).
3) JW. 56, 2054 Nr. 3 (BayObLG.)

seiner Münzfälschungen vom Januar bis Oktober 1928 in Wien. Beide haben inländisches Papiergeld nachgemacht, um das nachgemachte Geld als echtes zu gebrauchen oder sonst in Verkehr zu bringen. Beide handelten in bewußtem und gewolltem Zusammenwirken, mithin gemeinschaftlich, beide auch auf Grund eines einheitlichen Vorsatzes, der darauf gerichtet war, ihre Absicht, fortab von Münzfälschungen zu leben, abschnittsweise durch fortlaufende Wiederholung der Fälschungen zu verwirklichen. Bei Gleich wird der Fortsetzungszusammenhang nicht davon berührt, daß der zweite Teil der strafbaren Tätigkeit ins Ausland fällt, denn nach § 4 Abs. 2 Ziff. 1 RStrGB. ist es für die Möglichkeit der Strafverfolgung ohne Bedeutung, ob das Münzverbrechen im Inland oder im Ausland begangen wurde. Dasselbe gilt für Huß. Ohne Einfluß auf die Verfolgbarkeit des Gleich ist auch seine am 14. Dezember 1928 in Österreich ererfolgte Freisprechung. Wenn das dortige Strafverfahren auch dieselbe Straftat zum Gegenstand hatte, so ist doch durch die Freisprechung ein Verbrauch der Strafklage nicht eingetreten. Die Regel des ne bis in idem gilt nur für Erkenntnisse inländischer Gerichte (LK. Anm. 1 zu § 7).

b) Durch dieselbe Handlung hat sich Gleich, soweit seine Tätigkeit von August 1926 bis Dezember 1927 in Betracht kommt, eines fortgesetzten Vergehens des Betrugs nach § 263 StrGB. schuldig gemacht. Er hat das nachgemachte Geld fortgesetzt ausgegeben, um damit Zahlung zu leisten, aber auch um dadurch echtes Wechselgeld zu erlangen. Dadurch, daß er den Papieren durch Aufdruck das Aussehen echter Banknoten gegeben hatte, erweckte er durch Hingabe dieser bedruckten Papiere in den Empfängern den irrigen Glauben, echtes Papiergeld zu empfangen und bestimmte sie dazu, es in Zahlung zu nehmen und meist noch ihm echtes Geld darauf herauszugeben. Zwar hat Gleich in Österreich das nachgemachte Geld ebenfalls verausgabt, aber gleichwohl kann er wegen Betrugs nur insoweit verfolgt werden, als er das Geld in Deutschland verausgabt hat. Da er Ausländer ist, kann er in Deutschland wegen der im Ausland begangenen Betrügereien nicht bestraft werden.

Dies ergibt sich aus § 4 StrGB., der eine Ausnahme von dem das Strafrecht beherrschenden Territorialitätsprinzip darstellt. Unter den hier zugelassenen Ausnahmefällen befinden sich nicht Betrugshandlungen, die Ausländer im Ausland begangen haben, wie der Österreicher Gleich in Österreich.

Die Verausgabung des Falschgeldes bildet kein Tatbestandsmerkmal des § 146 StrGB.; sofern daher die Verausgabung des Falschgeldes den Tatbestand eines Betrugs begründet, ist dieser durch § 146 StrGB. nicht mitabgegolten. Der durch Verausgabung des Geldes begangene Betrug bildet keine straflose Nachtat, er bildet überhaupt keine selbständige, mit dem Verbrechen des § 146 StrGB. sachlich zusammentreffende Straftat, sondern bildet mit dem Nachmachen des Geldes eine einheitliche Handlung; zwischen § 146 und § 263 StrGB. liegt Idealkonkurrenz nach § 73 StrGB. vor. Straflose Nachtat ist nur dann möglich, wenn die Verwertung und Ausbeutung des durch die strafbare Vortat Erlangten keinen Eingriff in eine andere Rechtssphäre darstellt[4]). § 146 StrGB. schützt aber die staatliche Münzhoheit und das Vertrauen in die Währung[5]), während § 263 StrGB. das persönliche Eigentum schützt. Nachmachen und Verausgaben, Geldfälschung und Betrug stellen sich als eine tatsächliche Einheit dar[6]); denn von Anfang an war die Absicht des Täters darauf gerichtet, das fälschlich angefertigte Geld zum Zwecke der Beschaffung des Lebensunterhaltes zu verausgaben; und hiezu allein wurde es angefertigt. Die Fälschung des Geldes war also notwendiges Mittel zur Begehung der ins Auge gefaßten Betrügereien. Endlich ist zwischen § 146 und § 263 StrGB. Idealkonkurrenz möglich[7]) (LK. Anm. 12; Olsh. Anm. 56e

---

[4]) Vgl. JW. 57, 2141 Nr. 27 (I. Sen.); JW. 58, 1146 [1147] Nr. 22 (II. Sen.); RGSt. Bd. 61, 37 [38] (II. Sen.).

[5]) JW. 58, 444 Nr. 12 (I. Sen.).

[6]) Über den Umfang des strafrechtl. Handlungsbegriffs vgl. RGSt. Bd. 59, 321 [325/326] (I. Sen.); Bd. 59. 359 (I. Sen.); vgl. auch Stpr. 1928 H. I. 7. Anm. 11; RGSt. Bd. 60, 315 (I. Sen.).

[7]) RGSt. Bd. 54, 219 (II. Sen.); JW. 55, 2686 Nr. 1 (I. Sen.).

zu § 263). Denn einmal haben § 146 und § 263 verschiedene Rechtsschutzobjekte, zum andern kann das Verausgaben des fälschlich angefertigten Geldes auch ohne rechtswidrige Bereicherungsabsicht und ohne fremde Vermögensbeschädigung erfolgen, z. B. geschenkweise.

c) Durch Anfertigen der Platten hat sich Gleich keines strafbaren Vergehens nach § 151 StrGB. schuldig gemacht, da das Münzverbrechen, zu dessen Begehung die Platten dienen sollten und dienten, begangen worden ist[8]) (LK. Anm. 3 zu § 151). § 360 Ziff. 4 StrGB. wird durch die speziellere Vorschrift des § 151 StrGB. ausgeschlossen (LK. Anm. IV zu § 360).

d) Gleich hat sich dadurch, daß er Huß durch Zureden usw. zur Teilnahme an der Münzfälschung bestimmte, keiner selbständig strafbaren Anstiftung schuldig gemacht. Die Anstiftung geht in der eigenen Mittäterschaft des Gleich auf, die Strafdrohung wegen Anstiftung ist der wegen Mittäterschaft gegenüber subsidiär (LK., Einleitung V B).

Dasselbe gilt mutatis mutandis von der in Mittäterschaft übergehenden Beihilfe des Huß durch Vornahme von Verbesserungen an den Platten[9]).

e) Huß hat dadurch, daß er mit den der Herstellung des Falschgeldes dienenden Sachen und einem Teil der Kleider des Gleich aus Österreich flüchtete und in Bayern Aufenthalt nahm, Gleich und sich persönlich begünstigt, denn er hat direkte und indirekte Überführungsstücke beseitigt, um sich in Sicherheit zu bringen und durch Erschwerung der Überführung des Gleich diesen der Strafe zu entziehen. Begünstigung eines andern aber, die zugleich Selbstbegünstigung ist, ist straflos[10]). Dieser Fall liegt hier vor.

2.

A. I. Kolb kann wegen eines Verbrechens nach § 147 StrGB. verfolgt werden; die strafbare Handlung ist in

---

[8]) RGSt. Bd. 59, 376 [378] (II. Sen.).

[9]) JW. 55, 2196 [2197] Nr. 6 (I. Sen.).

[10]) JW. 54, 259 [260] Nr. 3 (I. Sen.); vgl. ausführl. Darstellung bei Stpr. 1926 H. I. 9, Abschn. II.

Deutschland begangen und muß deshalb gemäß § 152 Abs. 2 StrPO. verfolgt werden. Kolb wußte, daß der von Gleich vorgezeigte Geldschein gefälscht war, und hat ihn als solchen sich verschafft. Der Begriff des sich Verschaffens setzt voraus, daß der Täter irgendeine Tätigkeit entfaltet hat, um die Verfügungsgewalt über den falschen Schein zu erlangen, wobei er darauf ausgegangen sein muß, den „falschen" Schein zu erlangen [11]). Dies ist hier der Fall; er hat sich bemüht, durch das Wettangebot Gleich geneigt zu machen, ihm den Schein zu überlassen, was ihm auch gelang, und er hatte es auf den gefälschten Schein abgesehen, um seine Geschicklichkeit im Vertrieb solcher Scheine zu beweisen. Den also erlangten Geldschein hat er durch Übergabe an Lang in Verkehr gebracht, und zwar als echten. „In Verkehr gebracht" wird ein Gegenstand, wenn sein Inhaber ihn derartig aus seinem Gewahrsam läßt, daß ein anderer daran die freie Verfügungsgewalt erlangt (Olsh. Anm. 6 zu § 146). Dabei ist nach herrschender Auffassung selbstverständliche Voraussetzung des § 147, daß das Falsifikat als echtes Geld in Verkehr gebracht wird (Olsh. Anm. 3a zu § 147).

II. Gleich hat sich der Beihilfe zu diesem Verbrechen gemäß §§ 147, 49 StrGB. schuldig gemacht, und ist deshalb zu verfolgen. Er hat, wissend, daß Kolb das Falisifikat als echtes Geld in Verkehr zu bringen trachte, ihm das Falsifikat übergeben, und dadurch sein Vorhaben gefördert und erst ermöglicht. Er wollte die Tat nicht als eigene, sich nicht des Kolb als Werkzeug zur Verwirklichung eigener Absichten in diesem Falle bedienen, sondern, wie das Wettabkommen beweist, dem Kolb lediglich Gelegenheit geben, zu beweisen, daß er das auch könne, was er verspreche.

III. Ebenso hat sich Huß der Beihilfe gemäß §§ 147, 49 StrGB. schuldig gemacht und ist deshalb zu verfolgen. Es ist anerkannt Rechtens, daß Straftaten, deren Tatbestand auf ein Handeln abgestellt ist, auch durch Unterlassung begangen werden können. Strafrechtlich verant-

[11]) RGSt. Bd. 58, 412 [413] (III. Sen.); Bd. 59, 79 [80] (II. Sen.).

wortlich ist auch, wer einen gegen ein Verbotsgesetz verstoßenden, einen strafbaren Tatbestand erfüllenden Erfolg hätte verhindern können, hiezu rechtlich verpflichtet und tatsächlich in der Lage war, aber schuldhaft nicht verhindert hat. Eine solche Rechtspflicht liegt in der Regel demjenigen ob, der bewußt oder zunächst unbewußt durch eigene Handlungen Verhältnisse geschaffen hat, die in ihrer Fortwirkung den rechtsverletzenden Erfolg herbeiführen können, wenn nicht entsprechende Gegenmaßnahmen getroffen werden [12]. Dieselben Grundsätze gelten, wenn die gefährliche Handlung durch das bewußte und gewollte Zusammenwirken mehrerer vorgenommen wurde, und finden nicht nur auf Täterschaft sondern auch auf Beihilfe Anwendung [13]. Dabei macht es keinen Unterschied, ob die Weiterentwicklung der gefährlichen Handlung zum rechtsverletzenden Erfolg aus sich selbst heraus erfolgte, oder von außen angestoßen und auf den rechtsverletzenden Erfolg hingelenkt wurde, sofern nur die gefährliche Handlung eine Bedingung zum Eintritt des rechtsverletzenden Erfolges setzte. Diese Voraussetzungen sind hier gegeben. Huß hatte mit Gleich zusammen das Falsifikat hergestellt; zwar ohne die Absicht, es in Verkehr zu bringen, lediglich als Versuchsstück. Aber schon allein die Tatsache, daß dieses Falsifikat erhalten blieb, nicht vernichtet wurde, begründete allzeit die nahe Gefahr, daß es doch noch in Verkehr gebracht, in Kenntnis der Fälschung als echtes Geld in Umlauf gesetzt werde. Seine Mitwirkung bei der Herstellung des Falsifikates begründete deshalb seine Verpflichtung, jedem Versuch, es bewußt als echtes Geld in Umlauf zu setzen, hindernd in den Weg zu treten. Dies hat er schuldhaft nicht getan, obwohl er dazu in der Lage war und wußte, daß Kolb den gefälschten 20 RM-Schein als echten in Verkehr bringen werde. Der Annahme der Beihilfe nach § 49 StrGB. würde die Feststellung nicht entgegenstehen, daß Kolb das Verbrechen nach § 147 StGB. auch trotz des Dazwischentretens und der Gegenwirkungen

[12]) JW. 55, 1994 Nr. 1 (BayObLG.); JW. 56, 454 Nr. 20 (IV. Sen.); RGSt. Bd. 58, 130 [131] (I. Sen.).

[13]) JW. 54, 2795 Nr. 4 (BayObLG.); RGSt. Bd. 58, 244 (IV. Sen.).

des Huß vorgenommen hätte. Zur Beihilfe ist nicht erforderlich, daß die inkriminierte Handlung eine Bedingung des Erfolgs bildet. Der Tatbestand der Beihilfe erfordert nicht mehr, als daß durch die Handlung des Gehilfen für die Ausführung der Haupttat günstigere Bedingungen geschaffen worden sind, ohne daß es weiter darauf ankommt, ob die Haupttat nicht auch ohne die Handlung des Gehilfen vorgenommen worden wäre [14]. Der Handlung steht die schuldhafte Unterlassung gleich [15]. Dadurch aber, daß Huß es unterließ, gegen die Übergabe des Falsifikates an Kolb einzuschreiten, wurde die Übergabe erleichtert, das Vorhaben des Gleich und des Kolb gefördert. Wie dem Tatbestand zu entnehmen ist, war Gleich nicht sofort bereit, auf das Ansinnen des Kolb einzugehen; es bedurfte des Zuredens des Kolb wie des Spund. Bei dieser Sachlage besteht die höhere Wahrscheinlichkeit dafür, daß die Ausführung des Vorhabens unterblieben, zum mindesten erschwert worden, die Übergabe des Falsifikates nicht so rasch erfolgt wäre, wenn Huß dagegen aufgetreten wäre, besonders wenn er mit Anzeige (§ 139 StrGB.) gedroht hätte. Die von Huß zur Begehung des Verbrechens nach § 147 StrGB. geleistete Beihilfe ist eine mittelbare; denn sie erstreckte sich unmittelbar nur auf die von Gleich durch Übergabe des Falsifikates geleistete Beihilfe, denn nur dieser gegenüber bestand die Verpflichtung zur Verhinderung; dieselbe Pflicht bestand aber nicht, zu verhindern, daß Kolb sich Gleich gegenüber bemühte, durch Übergabe in den Besitz des Falsifikates zu gelangen. Beihilfe zur Beihilfe ist aber als Beihilfe zur Haupttat zu bestrafen [16].

III. Ebenso ist Spund wegen Beihilfe zum Verbrechen nach § 147 StrGB. zu verfolgen. Durch Zureden und insbesondere dadurch, daß er ein gutes Essen in Aussicht stellte, hat er erreicht, daß die beiden Ausländer, Gleich und Huß, auf das Ansinnen des Kolb eingingen, den Schein übergaben, bzw. gegen die Übergabe nicht einschritten. Diese An-

[14]) JW. 55, 2175 Nr. 6 (I. Sen.).
[15]) JW. 54, 623 Nr. 1 (FSen.).
[16]) Recht 1926 S. 118 Nr. 314 (II. Sen.).

stiftung zur Beihilfe ist als Beihilfe zur Haupttat zu würdigen und zu bestrafen[17]) Dabei war sich Spund aus der Kenntnis der Persönlichkeit des Kolb heraus bewußt, zum mindesten rechnete er damit und handelte auf die Gefahr hin, daß Kolb sich den fälschlich angefertigten Geldschein verschaffen wolle, um ihn als echten in Verkehr zu bringen, und ihn als solchen auch in Verkehr bringen werde. Wenn Spund auch nicht gewußt hat, wie Kolb sein Vorhaben im einzelnen ausführe, so steht das doch der Annahme der Beihilfe zu § 147 StrGB. nicht entgegen. Es genügt, wenn der Täter vom Vorliegen der wesentlichen Begriffsmerkmale der Haupttat Kenntnis hat (LK. Anm. 5b zu § 49). Daraus aber, daß Spund überzeugt war, Kolb, der immer in Geldverlegenheit ist, werde irgendeinen Schwindel machen, geht das mit Notwendigkeit hervor, daß er überzeugt war, Kolb werde den falschen Schein als echten in Verkehr bringen.

B. Die Aufforderung des Kolb durch Gleich und Huß, sich an dem Münzverbrechen zu beteiligen, stellt kein Vergehen nach § 49a StrGB. dar, denn es fehlt an dem Tatbestandsmerkmal der Vorteilsgewährung, das bei allein mündlicher Verabredung nach § 49a Abs. 3 zum Tatbestand erforderlich ist. Solche Vorteile, die durch die Begehung des Verbrechens gerade erst erzielt werden sollen, und um solche allein handelt es sich hier bei der Verabredung, kommen für den Tatbestand des § 49a Abs. 3 StrGB. nicht in Betracht[18]). Das gleiche gilt von der Annahme des Angebots durch Kolb.

Ebenso ist auf den Wettabschluß § 49a StrGB. schon deshalb nicht anwendbar, weil sämtliche Beteiligte Teilnehmer des verwetteten Verbrechens sind, § 49a aber nur subsidiär ist, also bei Anwendung des § 147 StrGB. entfällt.

Die von Kolb durch das Wettangebot betätigte Anstiftung des Gleich und des Huß zur Beihilfe geht in der Haupttat auf[19]).

---

[17]) RGSt. Bd. 59, 396 (II. Sen.).
[18]) RGSt. Bd. 61, 269 (III. Sen.).
[19]) Vgl. JW. 55, 2196 [2197] Nr. 6 (I. Sen.).

3.

I. Durch sein Vorgehen dem Lang gegenüber erfüllt Kolb ferner den Tatbestand eines Verbrechens der räuberischen Erpressung nach §§ 253, 255, 250 Abs. 1 Ziff. 3 RStrGB. Bei seinem Vorgehen war er von der Absicht geleitet, sich einen rechtswidrigen Vermögensvorteil zu verschaffen; er hatte keinen 50 *RM*-Schein zum Pfand gegeben, und hatte deshalb auch keinen Herausgabeanspruch. Um diesen Vorteil zu erlangen, hat er die andern Händler gegen Lang aufgeregt, in der Absicht, daß diese gegen Lang Stellung nehmen und ihn bedrängen, was er auch erreichte. Die beabsichtigte Wirkung der Aufhetzung, das Umringen des Lang durch die Händler, erfüllt den Begriff der Gewaltanwendung gegen eine Person. Der Begriff der Gewaltanwendung erfordert nicht die unmittelbare Einwirkung auf den Körper; es genügen alle Handlungen, die von der Person, gegen die sie gerichtet werden, als ein nicht nur seelischer, sondern körperlicher Zwang empfunden werden[20]. Wird aber eine Person von einer aufgeregten Anzahl von Personen umringt, so fühlt sie sich erfahrungsgemäß unmittelbar körperlich bedrückt und körperlich angegriffen, so daß für die Bestimmung und Betätigung ihres eigenen Willens an die Stelle der eigenen Entscheidung die Herrschaft der Zwingenden tritt. Dies war auch bei Lang der Fall, der ernste Unannehmlichkeiten fürchtete, Handgreiflichwerden der Umstehenden, was in solchen Fällen immer zu befürchten ist. Dazu kam die motivierende Kraft der Drohung mit der Polizei und der Schließung des Standes. Drohung ist das Inaussichtstellen eines Übels, das geeignet ist, durch die Furcht vor seiner Verwirklichung den Willen eines besonnenen Menschen zu bestimmen[21]. Zum Begriff des Übels reicht nicht eine bloße Unannehmlichkeit; es ist vielmehr ein erheblicher Rechtsgüterverlust erforderlich[22]. Ein solcher drohte aber durch allenfallsige Einleitung eines Strafver-

[20]) RGSt. Bd. 60, 167 (II. Sen.); Bd. 61, 156 (III. Sen.).
[21]) RGSt. Bd. 34, 15 [19] (I. Sen.).
[22]) BayObLG. Slg. Bd. 21, 123.

fahrens, Beschränkung der persönlichen Freiheit, Verringerung oder gar Aufhebung der Verdienstmöglichkeit. All das kann einen vernünftigen Mann bestimmen, von zwei Übeln das ihm kleiner erscheinende zu wählen und den 50 RM-Schein zu erlegen.

Die hier vorliegende Gewaltanwendung erfüllt den Begriff der Gewaltanwendung gegen eine Person i. S. des § 255 StrGB. (LK. Anm. 2 zu § 255).

Da der Täter gleich einem Räuber zu bestrafen ist, findet auch die Strafschärfung des § 250 Abs. 1 Ziff. 3 StrGB. statt (LK. Anm. 5 zu § 255); die räuberische Erpressung fand auf dem Meßplatz, einem öffentlichen, d. h. für den allgemeinen Verkehr freigegebenen Platze statt.

Dagegen erfüllt der Sachverhalt nicht den Tatbestand eines Vergehens des Betrugs. Die rechtliche Möglichkeit der Tateinheit zwischen Betrug und Erpressung ist zwar in der Rechtsprechung anerkannt[23]). Die Annahme tateinheitlichen Zusammentreffens von Betrug mit Erpressung hat jedoch zur tatsächlichen Voraussetzung, daß neben den durch Drohung hervorgerufenen Vorstellungen geflissentliche Irrtumserregung über anderweite, mit dem in Aussicht gestellten Übel nicht zusammenhängende Tatsachen auf die Entschließung des Bedrohten einwirken, so daß diese Entschließung teils dem Einfluß der Furcht, teils dem selbständigen Einfluß von Täuschungen zuzuschreiben ist[23]). Dagegen ist für die Anwendung des § 263 StrGB. kein Raum, wenn die Täuschungshandlung ein Bestandteil der erpresserischen Drohung ist, um diese zu verstärken und als ernst gemeint und durchführbar erscheinen zu lassen[23]). Denn in diesem Falle ist die Täuschungshandlung nicht vorgenommen, um durch die Täuschung einen Irrtum über die Berechtigung des Anspruchs zu erregen. Dieser Fall ist hier gegeben. Wenn Kolb unter der Behauptung, am Vortage einen 50 RM-Schein übergeben zu haben, dessen Rückgabe verlangte, so erwartete er nicht, daß dies irgendeine motivierende Kraft auf Lang ausübe, und er beabsichtigte auch nicht eine solche

[23]) BayZ. 1925, 309 Nr. I (I. Sen.); JW. 56, 1693 Nr. 21 (II. Sen.); DRZ. 1929 Sp. 165 Nr. 397 (II. Sen.).

auszuüben. Er begann damit vielmehr in Ausnutzung der Möglichkeiten, die ihm der Umstand bot, daß Lang sich durch die Annahme des Falsifikates ins Unrecht gesetzt hatte, die Erpressung, die er von Anfang an als einzig erfolgreichen Weg ins Auge gefaßt hatte, einzuleiten. Diese Bemerkung macht er bei der Aufforderung, nicht um eine motivierende Kraft auszulösen, sondern um die beabsichtigte Gewaltanwendung und Drohung als berechtigt hinzustellen.

Da das durch Übergabe des Falsifikates bewirkte Insunrechtsetzen des Lang, die Aufforderung zur Herausgabe der angeblich übergebenen 50 *RM*-Note notwendige Mittel der Inszenierung der Erpressung waren, wie Kolb sie sich vorstellte, und mit dieser in einem engen inneren Zusammenhange stehen, besteht zwischen der räuberischen Erpressung und der Verbreitung des Falschgeldes (§ 147) Tateinheit.

II. Lang ist wegen eines Vergehens des Versuchs zu einem Vergehen des Betrugs nach §§ 263, 43 StrGB. zu verfolgen, begangen durch die Behauptung, er sei der gesuchte Gläubiger, und die dadurch bewirkte Übergabe des Falsifikates, wodurch er sich einen ihm nicht zustehenden Vermögensvorteil zu verschaffen beabsichtigte. Lang sah in Kolb einen wirklichen, seinen Gläubiger bisher vergeblich suchenden Schuldner, und wollte durch die Behauptung, er sei der Gesuchte, in Kolb den irrigen Glauben erwecken, zur Empfangnahme des Geldes berechtigt zu sein. Eine Irrtumserregung bei Kolb war jedoch ausgeschlossen, da dieser keinen Gläubiger sondern ein Opfer suchte. Jedoch schadet die irrtümliche umgekehrte Annahme nach der subjektiven Theorie des RG. Außerdem fehlt es an der von Lang beabsichtigten Vermögensbeschädigung; denn der „Geldschein" stellte keinen Vermögenswert dar. Es liegt deshalb infolge Mangels am Tatbestand lediglich versuchter Betrug vor.

4.

Spund ist weiter wegen eines Vergehens der Hehlerei nach § 259 StrGB. zu verfolgen. Die Umstände des Falles haben ihm mit Notwendigkeit die Überzeugung aufgezwungen, daß der 50 *RM*-Schein durch eine strafbare Handlung erlangt war: er kannte den vorbestraften Kolb, kannte seine Geldverlegenheit, kannte das Falsifikat und rechnete ohne weiteres mit einem Schwindel. Die Kenntnis der einzelnen Modalitäten der Begehung dieses Schwindels ist nicht erforderlich, es genügt, daß die Vortat ihrem Gattungsbegriff nach in das Bewußtsein des Hehlers eingegangen ist[24]. Er hat den 50 *RM*-Schein an sich gebracht, d. h. gewollt in die eigene Verfügungsgewalt übernommen[25] Er tat dies seines Vorteils wegen; das Trachten nach einem Vorteil war die Triebfeder seines Handelns[26]. Das Erstreben eines Vorteils ist das Erstreben einer irgendwie günstigeren Gestaltung der äußeren Lebensverhältnisse[27]. Diese Besserstellung kann auch eine mittelbare sein[28]. Sie kann auch darin gefunden werden, daß die Erwartung ihn zu dem Handeln treibt, die Gäste würden dann um so sicherer und vollständiger das Geld bei ihm verzehren und ihm dadurch eine anders nicht erreichbare Mehr-Einnahme verschaffen[29]. Dies ist hier der Fall.

Dagegen haben sich Gleich und Huß keiner Hehlerei durch Annahme von je 15 *RM* schuldig gemacht; denn dieses Geld war das Wechselgeld, war mit dem durch strafbare Handlung erlangten also nicht identisch.

5.

I. Kolb ist weiter zu verfolgen:

1. wegen eines Vergehens der gefährlichen Körperverletzung nach §§ 223, 223a StrGB., begangen dadurch, daß er den Gefängniswärter mittels eines hinterlistigen Überfalls zu Boden schlug. Der Angriff erfolgte überraschend, so daß er von dem Gefängniswärter weder vorhergesehen noch abgewehrt werden konnte; er erfolgte hinter-

---

[24]) Vgl. JW. 54, 2330 Nr. 3 (II. Sen.).
[25]) RGSt. Bd. 59, 204 [205] (II. Sen.).
[26]) JW. 54, 262 Nr. 7 (II Sen.).
[27]) RGSt. Bd. 58, 122 (I. Sen.).
[28]) JW. 53, 1738 Nr. 36 (IV. Sen.); RGSt. Bd. 58, 15 [16] (IV. Sen.).
[29]) Vgl. RGSt. Bd. 53, 179 [180] (II. Sen.).

listig, denn Kolb hatte mit Vorbedacht den Augenblick für seine Tat gewählt, in dem der Gefängniswärter ihm den Rücken zukehrte und seine Aufmerksamkeit dem Schloß zuwandte;

2. wegen eines Vergehens des Widerstands nach § 113 StrGB., er hat den Gefängniswärter, einen Vollstreckungsbeamten, während er ihn pflichtgemäß vom Vernehmungsrichter zur Zelle zurückführte, also in der rechtmäßigen Ausübung seines Amtes, tätlich angegriffen;

3. wegen eines Vergehens der Freiheitsberaubung nach § 239 StrGB., denn er hat den Gefängniswärter dadurch, daß er ihn derart zu Boden schlug, daß er zunächst betäubt war, und dadurch, daß er ihn festhielt, des Gebrauchs der persönlichen Freiheit beraubt; zur Freiheitsberaubung genügt auch die Aufhebung der persönlichen Freiheit während einer kurzen Zeitspanne (Olsh. Anm. 6);

4. wegen eines Vergehens der versuchten Gefangenenbefreiung nach §§ 120, 43 StrGB.; dadurch, daß er die Aufsicht des Gefängniswärters aufhob, mit den Schlüsseln die Zelle öffnete, hat er den Anfang der Ausführung der Befreiung des Gleich aus der Gefangenanstalt und der Beihilfe zur Selbstbefreiung des Gleich gemacht. Die Befreiung bzw. Selbstbefreiung glückte jedoch nicht, da Gleich wieder ergriffen wurde, bevor er die Anstaltsmauern hinter sich ließ. Es liegt deshalb nur Versuch vor (LK. Anm. 2 Abs. 2 zu § 120);

5. wegen eines Vergehens der Begünstigung nach § 257 StrGB., denn Kolb wollte dadurch den Gleich der Strafverfolgung entziehen.

Sämtliche unter 1—5 aufgeführten Delikte stehen in Tateinheit zueinander. Insbesondere ist zwischen § 120 und § 257 StrGB. Tateinheit möglich, da „Gefangener" i. S. des § 120 nicht notwendig ein Strafgefangener ist[30]).

II. Gleich ist zu verfolgen:

1. wegen Anstiftung des Kolb zur versuchten Gefangenenbefreiung nach §§ 120, 43, 48 StrGB. Wenn auch die

[30]) RGSt. Bd. 57, 301 (II. Sen.).

Selbstbefreiung kriminell nicht strafbar ist, so kann doch der Gefangene als Teilnehmer (Anstifter) der von einem anderen in bezug auf seine Person begangenen Gefangenenbefreiung bestraft werden[31]. In diesem Falle liegt Teilnahme an fremder Tat vor, die Entfaltung einer Tätigkeit, die über den Rahmen der privilegierten eigenhändigen, alleintätigen Selbstbefreiung hinausgeht;

2. wegen Anstiftung zur Begünstigung nach §§ 257, 48 StrGB., denn er wollte durch die Befreiung der Strafverfolgung entzogen werden. Wenn auch die Selbstbegünstigung straflos ist, so ist doch Anstiftung zur Selbstbegünstigung strafbar, es sei denn, daß der Angestiftete selbst straflos handelt, was hier nicht der Fall ist[32].

Beide Reate stehen in Tateinheit nach § 73 StrGB.

Dafür, daß Gleich auch in sein Bewußtsein aufgenommen hatte, daß Kolb die übrigen von diesem begangenen Delikte begehen werde, um seine Aufforderung, ihn zu befreien, auszuführen, ist kein genügender Beweis erbracht.

---

[31]) RGSt. Bd. 61, 31 (II. Sen.).

[32]) RGSt. Bd. 60, 347 (II. Sen.); vgl. auch oben Anm. 10.

Staatsprüfung 1929, I. 7.

1.

a) Es wäre möglich, daß Adolf Alt schon beim Ankauf der Nähmaschine die Absicht hatte, nicht mehr als die Anzahlung in Höhe von 50 *RM* zu bezahlen, um sich auf diese Weise eine billige Nähmaschine zu verschaffen. Dann würde Betrug vorliegen. Ein genügender Beweis für das Vorhandensein dieser Absicht bei Kaufabschluß ist aber nicht erbracht.

b) Das Vorgehen des Adolf Alt gegen Stark enthält kein Vergehen der Nötigung nach § 240 StrGB., denn die Bedrohung ist nicht widerrechtlich. Baum ist zwar infolge des Eigentumsvorbehalts Eigentümer der noch nicht vollständig bezahlten Nähmaschine. Nach § 985 BGB. kann der Eigentümer von dem Besitzer aber lediglich die Herausgabe verlangen; zur Wegnahme der Sache ohne oder gegen den Willen des Besitzers ist er nicht berechtigt. Wer vielmehr dem Besitzer ohne dessen Willen den Besitz entzieht, handelt, sofern nicht das Gesetz die Entziehung gestattet, widerrechtlich (verbotene Eigenmacht). § 858 BGB. Eine gesetzliche Berechtigung zur eigenmächtigen Besitzentziehung ist jedoch nicht gegeben. Alt brauchte die Wegnahme nicht zu dulden. Stark handelte also als Gehilfe des Baum widerrechtlich. Seiner verbotenen Eigenmacht durfte sich Alt deshalb mit Gewalt erwehren. § 859 Abs. 1 BGB. Erst recht war ihm das Geringere, die Drohung mit Gewaltanwendung, erlaubt. Die gleiche Berechtigung ergibt sich unter dem Gesichtspunkt der Notwehr: § 53 StrGB. Auch der Besitz ist wehrfähig (LK. Anm. 2a zu § 53).

2.

a) Anna Alt hat sich eines fortgesetzten Vergehens des Betrugs schuldig gemacht, gemeinschaftlich mit einem andern begangen nach §§ 263, 47 StrGB. Sie hat der Wahrheit zuwider den Verkäufern erklärt, sie werde in den nächsten Tagen zahlen, während in Wirklichkeit diese Absicht gar nicht vorhanden war; sie hat wider besseres Wissen sich den Anschein auch einer zahlungsfähigen und kreditwürdigen Käuferin gegeben, indem sie den Verkäufern vormachte, einen städtischen Beamten mit einem regelmäßigen festen Gehalt zu heiraten und dadurch in den Besitz der erforderlichen Geldmittel zu gelangen. Nur im Vertrauen auf die Richtigkeit ihres Vorbringens räumten ihr die Verkäufer den unmittelbaren Besitz der Sachen ein. Dadurch fügten sie sich einen Vermögensschaden zu, denn nicht nur der Besitz, der schon einen Vermögenswert darstellt (LK. Anm. 6a zu § 263), sondern auch das Eigentum waren in den Händen der Eheleute Alt in so hohem Grade gefährdet, daß von einer unmittelbaren Vermögensbeschädigung gesprochen werden kann, trotz des Eigentumsvorbehalts. Die Vermögensgefährdung ist dann der Vermögensbeschädigung gleichzustellen, wenn die Gefährdung einen solchen Grad erreicht hat, daß der Vermögenswert der Forderung (auf Herausgabe des Eigentums) bereits im Zeitpunkt ihrer Begründung stark gemindert ist[1]. Der Herausgabeanspruch läßt sich aber eintretenden Falles — so viel steht schon bei Übergabe fest — kaum mehr realisieren, da schon beim Erwerb die Absicht des alsbaldigen Weiterverkaufs besteht. Sämtliche drei Einzelbeträge sind auf einen einheitlichen Willensentschluß zurückzuführen, so daß ein fortgesetztes Vergehen des Betrugs vorliegt.

Diese Betrügereien hat sie in bewußtem und gewolltem Zusammenwirken mit ihrem Ehemann Adolf Alt ausgeführt, der sich in der Form der intellektuellen Mittäterschaft an der Ausführung der Tat beteiligte. Die Besonderheiten der geistigen Mitwirkung bestehen darin, daß der geistige Mittäter selber überhaupt nicht mit Hand anlegt, sondern dem die Tatbestandsmerkmale verwirklichenden Tatgenossen anderweitig die Tat fördern hilft, sei es, daß er ihm mit Rat

---

[1]) BayZ. 1928, 107 Nr. II (I. Sen.).

und Anweisungen über die Art des Vorgehens und das Verhalten bei Ausführung der Tat zur Seite steht, sei es, daß er in sonstiger Weise seinen Täterwillen stärkt[2]), alles in der Absicht, seine eigenen Handlungen durch die des andern ausführen und vervollständigen und diese wie eigene sich zurechnen zu lassen[3]). Diese Voraussetzungen treffen auf Adolf Alt zu: er entwarf den Plan, gab seiner Frau Anweisung, wie sie vorgehen solle, er wollte die Sachen zum Zwecke der alsbaldigen Weiterveräußerung in die Hand bekommen. Seine Frau schickte er vor, weil er so am ehesten und besten zum Ziel zu kommen hoffte.

b) Anna Alt hat sich dagegen keiner Urkundenfälschung schuldig gemacht. Zum Begriff des Tatbestandsmerkmals der Fälschung gehört die Erweckung des Anscheins einer in Wirklichkeit nicht bestehenden Identität zwischen dem tatsächlichen Aussteller der Urkunde und dem in der Urkunde als Aussteller Bezeichneten. Der Täter muß somit die Absicht haben, den Anschein zu erwecken, als sei er physisch ein anderer, als er tatsächlich ist. Diese Absicht liegt aber nicht vor, wenn er unbeschadet der Identität der Person nur den Anschein erwecken will, als heiße er anders, als sei sein Familienstand ein anderer[4]) (Olsh. Anm. 30 II b zu § 267). Diese letztere Absicht lag bei Alt allein vor, führte sie sich doch allenthalben der Wahrheit gemäß als die Tochter des bekannten Bäckermeisters Schwarz ein.

Übergabe der gekauften Gegenstände an ihren Ehemann zum Verkauf und Weiterverkauf von Waage und Spiegel durch diesen stellen sich als straflose Nachtaten dar. Straflose Nachtat ist jede weitere Handlung des Täters, die dieser an oder mit der durch strafbare Vortat erlangten Sache vornimmt, soweit er dadurch nicht in strafrechtlich geschützte Rechtsgüter der nämlichen oder anderer Personen eingreift. Er kann sich nicht durch Handlungen strafbar machen, die sich in den Grenzen dessen halten, was dem rechtmäßigen Eigentümer kraft seines Herrschaftsrechts über die Sache erlaubt

[2]) RGSt. Bd. 53, 138 (V. Sen.); Bd. 57, 144 [145] (IV. Sen.).
[3]) JW. 54, 2771 Nr. 3 (I. Sen.).
[4]) Vgl. JW. 57, 3063 Nr. 12 (Dresden).

ist [5]). Im vorliegenden Falle stellt aber die betrügerische Beschaffung der Gegenstände einen unmittelbaren Eingriff in das Eigentum des Verkäufers dar. Denn die Eheleute Alt wollten nicht nur den Besitz der Sachen erlangen, um allein die Besitzrechte auszuüben, sondern gingen von Anfang an darauf aus, diese Gegenstände zur eigentümergleichen Verfügung in ihre Gewalt zu bringen [6]) (vgl. Frank VI 1 b zu § 263; 17. Aufl. LK. Anm. 3 c zu § 246).

3.

Durch den Sicherungsübereignungsvertrag erwarb Claus Eigentum an der dem Alt gehörigen Wanduhr, §§ 929, 930 BGB., nicht aber an der im Eigentum der früheren Untermieterin stehenden Kommode, § 933 BGB. Dies steht jedoch der Annahme einer rechtswidrigen Zueignung der Kommode durch Alt nicht entgegen. Entscheidend für den Begriff der Zueignung ist die Tatsache, daß der im Besitz einer Sache befindliche Täter durch einen hinzukommenden, in Erscheinung tretenden Zueignungsakt den Willen kundgibt, die Sache dem Berechtigten dauernd zu entziehen, selbst die Gesamtheit derjenigen Befugnisse auszuüben, die der Eigentümer kraft seines Eigentumsrechts ausübt [7]). Dieser Zueignungsakt braucht sich nicht in einer äußerlich in Erscheinung tretenden Verfügung zu manifestieren; er kann auch in Willensäußerungen gefunden werden, die den Zueignungswillen genügend erkennen lassen [8]). Die Abmachungen, die Alt mit Claus traf, lassen aber deutlich erkennen, daß er wie ein Eigentümer über die fremde Sache zu verfügen gedachte (vgl. LK. Anm. 5 zu § 246; Olsh. Anm. 15 Abs. 4 zu § 246).

4.

a) Adolf Alt hat das Fahrrad durch einen nach § 263 StrGB. strafbaren Betrug in seinen Besitz gebracht. Ohne

---

[5]) RGSt. Bd. 60, 371 [372]; Bd. 62, 61 [62] (I. Sen.).

[6]) Vgl. RGSt. Bd. 62, 61 [62] (I. Sen.).

[7]) DJZ. 1926, 238 (III. Sen.).

[8]) JW. 56, 2054 Nr. 5 (BayObLG.); JW. 57, 2329 [2330] Nr. 1 (BayObLG.).

Anzahlung gab Dorn das Fahrrad nicht aus der Hand. Die Gegenstände aber, die Alt an Stelle einer Anzahlung in Bargeld „verpfändete", stellten für Dorn keinen der verlangten und erwarteten Anzahlung entsprechenden Gegenwert dar; denn diese Gegenstände waren nicht Eigentum des Alt, wie dieser wider besseres Wissen behauptet hatte und gelangten auch nicht in den Besitz des Dorn. Wären ihm diese Gegenstände übergeben worden, so hätte er hieran gemäß §§ 1205, 1207, 932 BGB. ein dingliches Recht erworben, obwohl sie nicht Eigentum des Verpfänders waren. Da in der Zeit bis zur Übergabe der Pfandsachen die wahren Eigentümer über die Pfandsachen verfügen konnten, war der Anspruch des Dorn in einer Weise gefährdet, daß von einer Vermögensbeschädigung gesprochen werden kann: er tauschte das Fahrrad gegen einen sehr unsicheren Anspruch ein, während er auf Grund der Vorspiegelungen des Alt einen sicheren Pfandanspruch zu erwerben hoffte. Darüber hinaus dachte Alt aber gar nicht im Ernste daran, auch die Restsumme zu bezahlen, und kaufte das Rad, selbst auf die Gefahr, daß das Versprechen, die Restsumme in Wochenraten zu bezahlen, weder von ihm selbst noch von seiner Frau erfüllt wurde. Da er als Käufer auftrat, spiegelte er also eine im Verkaufsabschluß notwendig enthaltene ernstliche Erfüllungsabsicht vor, die in Wahrheit nicht vorhanden war.

b) Anna Alt hat sich dagegen keiner strafbaren Teilnahme an dem Betrug schuldig gemacht. Sie hat zwar gewußt, daß die „verpfändeten" Gegenstände nicht im Eigentum ihres Mannes stehen, und hat es gleichwohl unterlassen, hiergegen aufzutreten. In diesem Unterlassen, das als bekräftigende Zustimmung angesehen werden könnte, könnte aber nur dann eine strafbare Teilnahme an dem Betrug erblickt werden, wenn sie eine Rechtspflicht zur Angabe der Wahrheit traf. Eine solche lag aber nicht vor. Sie zog zwar einen Vorteil aus dem Gelingen des Vertragsabschlusses; aber das begründete keine rechtliche Verpflichtung dem Verkäufer gegenüber (Olsh. Anm. 10 c β zu § 263). Sie trat von Anfang an nicht als Vertragsgegner des Verkäufers Dorn auf. Daß sie dann den Vertrag mitunterzeichnete und dabei sich zur Leistung der Wochenraten verpflichtete, bedeutet nach natürlicher Lebensauffassung lediglich eine Mitübernahme der sich aus dem Vertrag für den Käufer ergebenden Verpflichtungen, nicht aber ein Bewirken des Vertragsabschlusses, in dem allein der Betrugstatbestand des Eingehungsbetrugs gefunden werden kann. Daß aber die Anna Alt nicht die ernstliche Absicht gehabt habe, die Raten zu bezahlen, ist nicht nachgewiesen.

c) Durch die oben unter a bezeichnete Handlung hat sich Adolf Alt hinsichtlich der Nähmaschine auch eines Vergehens der Unterschlagung schuldig gemacht. In betreff der rechtswidrigen Zueignung, die in der „Verpfändung" liegt, denn zu einer Einlösung des Pfandes war er nicht imstande (Olsh. Anm. 15 zu § 246; LK. Anm. 5), gilt hier dasselbe, was oben unter 3 hierüber gesagt wurde. Betrug und Unterschlagung stehen in Tateinheit nach § 73 StrGB., denn die Verpfändung, in der die Unterschlagung zu erblicken ist und die dabei über die Eigentumsverhältnisse an dem Pfandgegenstand gemachten unwahren Angaben, die ein Tatbestandsmerkmal des Betrugs bilden, stellen sich nach natürlicher Auffassung als ein und dieselbe Handlung dar.

Bezüglich der Kommode und des Teppichs liegt dagegen keine Unterschlagung vor; denn es fehlt an einem neuen selbständigen Eingriff in ein fremdes Rechtsgut. Der Eingriff in das Eigentum des Teppichverkäufers erfolgte schon durch die betrügerische Erlangung, der in das Eigentum der Untermieterin bezüglich der Kommode durch die Kundgabe des Willens der eigentümergleichen Verfügung bei der Verpfändung an Claus. Eine Unterschlagung kann nicht mehr begangen werden an Sachen, deren Besitz oder Gewahrsam der Täter durch eine strafbare Handlung erlangt hatte, wenn er durch diese Tat zugleich die Absicht rechtswidriger Zueignung betätigt hatte[10]). In beiden Fällen liegt also straflose Nachtat vor (Olsh. Anm. 26a zu § 246).

[10]) RGSt. Bd. 61, 37 [38] (II. Sen.).

5.

a) Adolf Alt hat sich durch die mit dem Verkaufsauftrag verbundene Übergabe der Uhr an seinen Bruder einer Unterschlagung nach § 246 StrGB. schuldig gemacht. Durch die Sicherungsübereignung vom 16. August 1928 war die Uhr Eigentum des Claus und damit für Alt eine fremde Sache geworden[11]). Alt hatte auch den alleinigen Gewahrsam an der Uhr. Claus hatte zwar mittelbaren Besitz; dieser steht jedoch dem Gewahrsam nicht gleich (vgl. LK. Anm. I 2 zu § 242). Gewahrsam ist die tatsächliche Verfügungsgewalt über eine Sache[12]). Voraussetzung des Gewahrsams ist, daß der Verwirklichung des Herrschaftswillens des Herrn der Sache zur unmittelbaren Einwirkung keine Hindernisse entgegenstehen[13]). Da die Uhr in der Wohnung des Alt verblieb, die Claus nicht ohne weiteres betreten kann, so liegt kein Mitgewahrsam des Claus, sondern Alleingewahrsam des Alt und mithin kein Diebstahl sondern Unterschlagung vor.

b) Adam Alt hat sich einer Beihilfe zur Unterschlagung seines Bruders nach §§ 246, 49 StrGB. schuldig gemacht, tateinheitlich zusammentreffend mit einem Vergehen der Hehlerei nach § 259 StrGB. Die dem Adolf Alt zur Last liegende Unterschlagung war rechtlich und tatsächlich mit der Beendigung der Übergabe der Uhr an seinen Bruder Adam, die von dem Verkaufsauftrag begleitet war, und der der Beendigung der Übergabe entsprechenden, diese notwendig bedingenden Empfangnahme der Uhr durch Adam Alt vollendet. Dieser Auffassung würde die Feststellung nicht entgegenstehen, daß der begleitende Verkaufsauftrag schon zu Ende gesprochen war, bevor Adam Alt die Uhr in Empfang nahm. Wenn auch eine rechtswidrige Zueignung schon im Erteilen eines Verkaufsauftrags gefunden werden kann[14]), so kann doch für die Frage der Vollendung einer bestimmten

[11]) RGSt. Bd. 61, 65 [66] (III. Sen.).
[12]) JW. 55, 585 Nr. 5 (III. Sen.).
[13]) RGSt. Bd. 60, 271 [272] (II. Sen.).
[14]) RGSt. Bd. 58, 230 (III. Sen.).

Unterschlagung immer nur die Gestaltung des vom Täter ins Auge gefaßten konkreten Zueignungsaktes in Betracht kommen. Hiernach bilden aber Verkaufsauftrag und Übergabe der Uhr eine derartige unteilbare Einheit, daß nur die Beendigung des natürlichen Vorganges als Vollendung der Unterschlagung angesehen werden kann. Diese Vollendung des Zueignungsaktes hat Adam Alt durch Empfangnahme der Uhr gefördert; da er bei der seinerzeitigen Sicherungsübereignung der Uhr an Claus zugegen war, wußte er, daß die Uhr nunmehr im Eigentum des Claus stand, sein Bruder also nicht mehr berechtigt war, die Uhr in eigenem Namen und für eigene Rechnung zu verkaufen. Durch die Übernahme der Uhr zum Verkauf, in dem sich die Zueignung tatsächlich vollenden sollte, hat er sich der Beihilfe zur Unterschlagung schuldig gemacht.

Durch die gleiche Handlung hat er sich einer Hehlerei nach § 259 StrGB. schuldig gemacht, indem er zum Absatz von Sachen, von denen er wußte, daß sie mittels einer strafbaren Handlung erlangt waren, seines Vorteils wegen mitwirkte. Adam Alt trat im Innenverhältnis nicht kraft eigenen Rechts auf, sondern wurde für seinen Bruder tätig, und war bemüht, einen möglichst hohen, 25 *RM* übersteigenden Erlös zu erzielen, da der Mehrerlös ihm zufloß, suchte also seines Vorteils wegen die Uhr abzusetzen. Für das Tatbestandsmerkmal des Mitwirkens zum Absatz an andere ist es unerheblich, ob der Täter die auf Absatz gerichtete Tätigkeit des Vortäters nur unterstützt, oder ob er im eigenen Namen, jedoch im Interesse des Vortäters den Absatz vornimmt (Olsh. Anm. 14 b zu § 259). Die Uhr, zu deren Absatz er mitwirkte, war auch durch eine strafbare Handlung erlangt. „Erlangt" durch eine strafbare Handlung ist die Sache auch dann, wenn der Vortäter die Sache schon vor Begehung der Vortat in Gewahrsam hatte, ohne daß es darauf ankäme, daß die Sache gerade erst vermittels einer strafbaren Handlung in den Besitz oder Gewahrsam des Vortäters gekommen wäre[15]. Wesentlich ist allein, daß die

[15]) RGSt. Bd. 55, 145 [146] (III. Sen.)

Sache mit dem Makel des strafbaren Erwerbes behaftet ist, bevor mit der Mitwirkung zum Absatz begonnen wird[16]. Der Annahme der Hehlerei steht auch der Umstand nicht entgegen, daß die Vollendung der Unterschlagung, das „Erlangtsein" der Sache durch eine strafbare Handlung und das Mitwirken zum Absatz sich in ein und derselben Person vollziehen, da allein wesentlich ist, daß das „Erlangtsein" dem Mitwirken zum Absatz zeitlich vorausgeht[17], was hier der Fall ist; denn die Unterschlagung war vollendet, bevor mit dem Mitwirken zum Absatz begonnen wurde (vgl. auch Olsh. Anm. 25b zu § 246).

Da von vornherein zwischen den Brüdern der Verkauf der Uhr durch Adam im Interesse des Adolf vereinbart war, die Hehlerei also lediglich als diejenige Tätigkeit anzusehen ist, durch die die Unterschlagung ihrem Endzweck, der von vornherein ins Auge gefaßten wirtschaftlichen Verwertung der Uhr zugeführt wurde, so liegt zwischen den beiden Delikten Tateinheit vor[17] (LK. Anm. 8a zu § 259).

c) Durch die Übergabe der Kommode an Claus am 1. September hat sich Adolf Alt keiner weiteren strafbaren Handlung schuldig gemacht, da der Eingriff in das fremde Eigentum schon mit dem Sicherungsübereignungsvertrag vom 16. August 1928 erfolgt war (Olsh. Anm. 26a zu § 246).

Claus hat sich keiner strafbaren Handlung schuldig gemacht, da er keine Kenntnis davon hatte, daß die Kommode nicht Eigentum des Alt war.

6.

a) Anna Alt hat sich durch Verstecken des Fahrrades einer Unterschlagung nach § 246 StrGB. schuldig gemacht. Hatte auch Adolf Alt das Fahrrad durch betrügerischen Eingriff in das Vermögen des Dorn erlangt, so hatte doch das Fahrrad dadurch nicht aufgehört, Eigentum des Dorn zu sein. Anna Alt, die den Eigentumsvorbehalt kannte und

---

[16]) RGSt. Bd. 59, 128 [129] (I. Sen.).
[17]) RGSt. Bd. 59, 128 [131] (I. Sen.).

an der Vortat strafrechtlich nicht beteiligt ist, konnte sich deshalb durch rechtswidrige Zueignung des Rades einer Unterschlagung schuldig machen. Die veränderte Willensrichtung, das Rad auf das Herausgabeurteil hin nicht herausgeben sondern künftig für sich behalten und gebrauchen zu wollen, als sei es ihr Eigentum, kommt in dem Verstecken nach außen erkennbar zum Ausdruck.

b) Adam Alt hat sich einer Beihilfe zur Unterschlagung schuldig gemacht: §§ 246, 49 StrGB. Aus den Klagen ihm gegenüber wußte Adam Alt, daß das Rad nicht seiner Schwägerin gehöre. Aus den Befürchtungen, das Rad könne vom Gerichtsvollzieher weggenommen werden, geht hervor, daß die Anna Alt schon entschlossen war, das Rad nicht herauszugeben, daß es also keiner Anstiftung hiezu mehr bedurfte, sondern lediglich eines Rates, wie das Fahrrad erhalten werden könne. Die Beihilfe liegt in dem Rat, das Fahrrad zu verstecken und in dem Zuverfügungstellen seines Hauses als Versteck.

Ein Vergehen nach § 288 StrGB. kommt nicht in Betracht, da das Fahrrad nicht Bestandteil des Vermögens der Anna Alt ist (vgl. Olsh. Anm. 8, letzt. Abs. zu § 288).

7.

a) Durch das Ausbieten der Nähmaschine zum Verkauf hat sich Anna Alt einer Unterschlagung der Nähmaschine schuldig gemacht, vorausgesetzt natürlich, daß sie den Eigentumsvorbehalt kannte. Eine Zueignung ist auch im Angebot zum Kauf zu erblicken (Olsh. Anm. 12c zu § 246).

In bezug auf den Perser-Teppich hat sie sich jedoch keiner weiteren rechtswidrigen Zueignung schuldig gemacht, da der Eingriff in das Eigentum des Verkäufers schon durch die betrügerische Erlangung erfolgt war[10]). Es liegt straflose Nachtat vor.

b) Ob Adam Alt sich einer strafbaren Teilnahme an der Unterschlagung schuldig gemacht hat, kann nicht entschieden werden, da nicht bekannt ist, ob er den Eigentumsvorbehalt, bzw. den strafbaren Erwerb gekannt hat.

c) Baum und Karg haben sich keiner strafbaren Handlung schuldig gemacht. Der durch List erlangte Vermögensvorteil, die Rückerlangung der unter Eigentumsvorbehalt gelieferten Nähmaschine, ist kein rechtswidriger. Da Alt den Zahlungstermin nicht eingehalten hatte, war Baum nach § 985 BGB. berechtigt, die Herausgabe seines Eigentums zu verlangen. Durch die Anwendung eines rechtswidrigen Beschaffungsmittels wird der erlangte Vorteil niemals zu einem rechtswidrigen (LK. Anm. 7 Abs. 3 zu § 263).

d) Anna Alt hat sich durch Verkauf des Teppichs an Link eines Vergehens des Betrugs nach § 263 StrGB. schuldig gemacht. Sie hat der Wahrheit zuwider wiederholt versichert, es sei ein echter Perser und hiedurch Link zum Kauf veranlaßt. Nun hat zwar Link als Kaufpreis so viel bezahlt als der — noch ungebrauchte — Teppich gekostet hatte und wert war, so daß Link an und für sich für sein Geld ein gleichwertiges Äquivalent erhielt. Wenn nun auch die Frage der Vermögensbeschädigung nach objektiven Gesichtspunkten, durch Vergleichung des Gesamtwertes der vermögenswerten Gegenstände vor und nach der inkriminierten Handlung zu entscheiden ist[18]), so kann doch innerhalb des Rahmens der objektiven Abgrenzung die subjektive Wertung Berücksichtigung finden. Dies ist der Fall, wenn der Getäuschte erkennbar Wert auf eine bestimmte Eigenschaft eines Gegenstandes gelegt hat und erkennbar nur mit Rücksicht auf die Zusicherung dieser Eigenschaft den Gegenstand entgeltlich erworben hat, während er ohne diese Eigenschaft von einem Kauf überhaupt abgesehen hätte[19]). Dies ist hier der Fall; Link hat den Teppich nur gekauft, weil er ein Liebhaber gerade solcher Teppiche ist und ihm wiederholt versichert worden war, es sei ein echter Perser. Ein deutscher Teppich war für ihn in diesem Sinne wertlos, für ihn hätte er überhaupt nichts ausgegeben.

Adam Alt ist als Mittäter zu bestrafen, wenn er gewußt hat, daß es in Wirklichkeit kein Perser war.

---

[18]) RGSt. Bd. 16, 1 (PlEntsch.).

[19]) Vgl. RGSt. Bd. 16, 93; JW. 53, 1877 Nr. 5 (IV. Sen.).

e) Adam und Anna Alt haben sich einer gemeinschaftlichen Urkundenfälschung nach §§ 267, 47 StrGB. schuldig gemacht. Durch die Unterschrift „Ad. Alt" wollte Adam Alt den Anschein erwecken, als habe der Ehemann der Anna Alt, für den er ja gehalten wurde, sein Bruder „Ad"-olf Alt unterschrieben (Olsh. Anm. 32 zu § 267). Anna Alt wollte durch den Zusatz „Ehefrau" die von Adam Alt bezielte Erweckung des Anscheins, als sei er Adolf Alt, verstärken. Beide handelten stillschweigend in bewußtem und gewolltem Zusammenwirken, mithin gemeinschaftlich; dabei wollten beide, daß das Schriftstück durch eins von ihnen Link übergeben werde, oder daß Link in ihrem Einverständnis die Urkunde an sich nahm. Die Urkunde ist beweiserheblich und zum Beweise über die Person der Verkäufer bestimmt.

Bei Anna Alt ist auch der straferhöhende Umstand des § 268 StrGB. gegeben, Handeln ihres Vorteils wegen. Sie unterschrieb die Urkunde mit ihrem unwahren Inhalt, um die Wiederentziehung des erlangten Geldes, das für sie mehr wert war als der unbezahlte Teppich, zu verhindern.

Bei Adam Alt ist § 268 StrGB. ebenfalls gegeben, wenn er gewußt hat, daß der Teppich kein Perser ist. Er wollte verhüten, daß seiner Schwägerin der erlangte Vorteil wieder entzogen werde.

Staatsprüfung 1928, I. 9.

A.

Das Revisionsgericht hebt durch Urteil das Urteil des Schwurgerichts auf die Revision des Staatsanwalts insoweit samt den zugrunde liegenden Feststellungen auf, als das Verfahren wegen Meineides eingestellt wurde,

auf die Revision des Angeklagten Leicht samt den zugrunde liegenden Feststellungen insoweit, als Verurteilung wegen Versammlungssprengung erfolgte, in letzterer Hinsicht auch soweit, als das Urteil den Mitangeklagten Dürr betrifft,

und verweist die Sache zur neuerlichen Verhandlung und Entscheidung an das Schwurgericht zurück, wobei ausgesprochen wird, daß das Schwurgericht in dem neuerlichen Urteil auch über die Kosten der Revisionsinstanz zu entscheiden hat.

Die Revision des Wilhelm Reich wird vom Revisionsgericht durch Urteil als unzulässig verworfen, die Kosten des Rechtsmittels werden dem Rechtsmittelwerber aufgebürdet.

I. Die Revision des Staatsanwalts ist frist- und formgerecht eingelegt. Die Rüge der Verletzung des Grundsatzes ne bis in idem hat sowohl prozeßrechtlichen wie auch materiellrechtlichen Inhalt[1]). Aus der Revisionsbegründung geht somit hervor, daß das Urteil wegen Verletzung einer materiellrechtlichen Norm angefochten werde; sie genügt somit dem § 344 Abs. 2 StrPO. Aus seiner schriftlichen Erklärung geht auch mit genügender Deutlichkeit hervor, daß er die Aufhebung des Urteils durch das Revisionsgericht begehre, soweit das Verfahren wegen Meineids eingestellt sei; dies genügt, auch wenn nicht ausdrücklich die Aufhebung des Urteils insoweit verlangt wird (Löwe, Anm. 3 zu § 344).

---

[1]) RGSt. Bd. 62, 153 [154] (II. Sen.).

Die Revision ist auch begründet. Das Schwurgericht ging mit Recht davon aus, daß mehrere durch einen Eid gedeckte unwahre Angaben eine Einheit bilden, daß infolgedessen nur ein Meineid vorliegt [2]); denn das Delikt wird dadurch begangen, daß eine oder mehrere unwahre Aussagen durch einen Eid, der immer nur eine einheitliche Handlung sein kann, bekräftigt werden. Die Strafkammer hatte deshalb zu Unrecht den Leicht wegen des ersten Teils seiner Aussagen außer Verfolgung gesetzt. Die in der Klage bezeichnete Tat, auf die sich gemäß §§ 155 Abs. 1, 264 Abs. 1 StrPO. die Untersuchung und Entscheidung des Gerichts erstreckt, kann, da die Strafprozeßordnung Teilurteile so wenig wie sonstige Teilentscheidungen kennt, immer nur in ihrer Ganzheit gewürdigt und entschieden werden, ohne Rücksicht auf den, einteiligen oder mehrteiligen, Umfang des rechtswidrigen Erfolgs. Es war deshalb rechtlich unzulässig, in dem Verfahren wegen des einen einheitlichen Meineides den Angeschuldigten wegen der einen Unwahrheit außer Verfolgung zu setzen und wegen der anderen Unwahrheit das Hauptverfahren gegen ihn zu eröffnen, und der Staatsanwalt hätte, um die Rechtslage einwandfrei wiederherzustellen, gemäß § 210 Abs. 2 StrPO. sofortige Beschwerde einlegen müssen.

Daß er das nicht tat, und die „Entscheidung" der Strafkammer insofern „rechtskräftig" wurde, berechtigte das Schwurgericht jedoch nicht zur Einstellung des Verfahrens überhaupt. Denn dem Beschluß, durch den Leicht wegen eines Teiles seiner unwahren Aussagen außer Verfolgung gesetzt wurde, kommt keine Rechtskraftwirkung mit der Folge zu, daß durch den rechtskräftigen Beschluß der gesamte Streitgegenstand, auch soweit er von ihm inhaltlich nicht ausdrücklich mitumfaßt war, seine rechtskräftige Erledigung gefunden hätte, mit der Wirkung, daß gemäß § 211 StrPO. die Klage nur auf Grund neuer Tatsachen und Beweismittel wiederaufgenommen werden könnte. Zwar kann der Verbrauch der Strafklage nicht nur durch ein Urteil, sondern

---

[2]) RGSt. Bd. 62, 153 [154] (II. Sen.); Bd. 61, 225 (III. Sen.).

auch durch einen die Eröffnung des Hauptverfahrens ablehnenden Beschluß bewirkt werden (Löwe, 2. Buch, 1. Abschn. Vorbem. 29 g *a*). Dies hat jedoch zur Voraussetzung, daß ein und dieselbe Tat, die in einem einheitlichen Verfahren der Entscheidung des Gerichts unterbreitet wurde, auch eine eindeutige, einheitliche Erledigung durch den Beschluß gefunden hat, der auf die Einreichung der Anklageschrift zu ergehen hatte. Widersprechen sich Einstellungsbeschluß und Eröffnungsbeschluß in bezug auf die nämliche Tat, so kann der Einstellungsbeschluß nicht die Wirkung des § 211 StrPO. äußern; einer hebt den andern auf (Löwe, Anm. 2 zu § 211). Die Strafklage wird nicht verbraucht, mag der Eröffnungsbeschluß eine einheitliche Handlung rechtlich falsch spalten, indem er bei Idealkonkurrenz das Hauptverfahren unter einem rechtlichen Gesichtspunkt eröffnet, unter dem andern aber die Eröffnung des Hauptverfahrens ausdrücklich ablehnt (Löwe, Anm. 2b zu § 206), oder mag er die eine einheitliche Handlung tatsächlich falsch spalten, indem er bei einer inkriminierten einheitlichen Aussage wegen einzelner Angaben im Rahmen dieser Aussage den Angeschuldigten außer Verfolgung setzt, wegen anderer im Rahmen der gleichen Aussagen gemachten Angaben aber das Hauptverfahren gegen ihn eröffnet[3])[4]). Darnach war das Schwurgericht nicht gehindert, den Meineid zum Gegenstand einer sachlichen Entscheidung zu machen.

Mit dem Urteil waren auch die zugrundeliegenden Feststellungen aufzuheben (§ 353 Abs. 2 StrPO.), da das Schwurgericht sich aus Rechtsirrtum an der Feststellung und Würdigung des gesamten Inhalts der Aussage (§ 267 StrPO.) gehindert sah.

II. 1. Auch die Revision des Leicht ist form- und fristgerecht eingelegt und zwar auch, soweit die während des Laufs der Revisions-Begründungsfrist von dem Verteidiger

---

[3]) RGSt. Bd. 62, 153 [155] (II. Sen.); Bd. 61, 353 (I. Sen.).

[4]) Über die relative Rechtskraft von Urteilen vgl. JW. 57, 2991 [2992] Nr. 27 (I. Sen.); RGSt. Bd. 58, 31 [32] (IV. Sen.); Bd. 59, 318 (III. Sen.).

angebrachte Verfahrensrüge in Betracht kommt. Ist die Revision rechtzeitig eingelegt, so können innerhalb der Revisions-Begründungsfrist Rügen angebracht werden (Löwe, Anm. 1 zu § 345).

Die materiellrechtliche Rüge ist auch begründet. Die vom Schwurgericht getroffenen Feststellungen rechtfertigen nicht die Anwendung des § 107a StrGB. Das lärmende Singen von Kampfliedern erfüllt im allgemeinen weder den Begriff der „Gewalt" noch den der „Gewalttätigkeit". Die beiden Begriffe sind in dem erst durch Reichsgesetz vom 23. Mai 1923 (RGBl. I S. 296) in das Strafgesetzbuch aufgenommenen § 107a StrGB. nicht anders zu verstehen als in andern Bestimmungen des Strafgesetzbuches, in denen sie als Tatbestandsmerkmal vorkommen. Der § 107a, aufgenommen in den 5. Abschnitt unter die Vergehen in Beziehung auf die Ausübung der staatsbürgerlichen Rechte, enthält den gleichen Begriff der Gewalt, den auch die §§ 105 bis 107 StrGB. im Rahmen ähnlicher Tatbestände verwenden. Dort aber wird, ebenso wie anderwärts, unter Gewalt nur physischer Zwang verstanden (LK. Anm. 3 zu § 106 und Anm. 3 zu § 107), während ein psychischer Zwang nur in Form der Drohung den Begriff erfüllt. Ist auch eine unmittelbare Einwirkung auf den Körper eines Versammlungsteilnehmers nicht erforderlich (vis absoluta), vielmehr eine nur mittelbar gegen die Person gerichtete Einwirkung (vis compulsiva) genügend, so muß der Angegriffene doch immer einen gegen ihn in Bewegung gesetzten äußeren körperlichen Zwang empfinden; eine rein psychische Beeindruckung genügt nicht. Lärmen erfüllt den Begriff der Gewalt nur dann, wenn die Einwirkung auf das Gehör und mittelbar auf die Nerven so wuchtig ist, daß sie als unmittelbare körperliche Einwirkung empfunden wird, der sich die davon Betroffenen nur durch die Flucht aus dem Versammlungsorte entziehen können[5]), was allein berechtigt, die Versammelten als gewaltsam auseinandergetrieben, die Versammlung als gesprengt anzusehen. Hiezu reichte aber

---

[5]) JW. 57, 2975 Nr. 5 (I. Sen.); BayObLG. Slg. 26, 166.

die Feststellung nicht aus, daß jede Rede verhindert wurde, weil der Redner sich nicht verständlich machen konnte, und daß deshalb die Versammlung aufgelöst wurde. Diese Feststellungen rechtfertigen die Annahme, daß die Versammelten infolge des Lärmens zur Erkenntnis gelangten, daß an eine Fortsetzung der Versammlung nicht zu denken sei, und daß sie deshalb freiwillig den Versammlungsort verließen.

Können in der erneuerten Hauptverhandlung anderweite Feststellungen nicht getroffen werden, so wird das Schwurgericht zu prüfen haben, ob nicht der Tatbestand des groben Unfugs nach § 360 Ziff. 11 StrGB. vorliegt. Ein solcher kann auch darin gefunden werden, daß eine Versammlung, die einem unbestimmten Personenkreis zugänglich ist, durch Lärmen und Zwischenrufe gestört wird[6]).

Das Urteil des Schwurgerichts ist deshalb samt den zugrunde liegenden Feststellungen gemäß § 353 StrPO. aufzuheben und das Strafverfahren gemäß § 354 Abs. 2 StrPO. an das Schwurgericht zurückzuverweisen. Die dem Urteil zugrunde liegenden Feststellungen sind gemäß § 353 Abs. 2 StrPO. dann aufzuheben, wenn sie von der Gesetzesverletzung, wegen deren die Aufhebung des Urteils erfolgt, betroffen werden. Bei einer Rüge materiellrechtlichen Inhalts werden die Feststellungen dann von der Gesetzesverletzung betroffen, wenn sie nicht ausreichen, um den gesetzlichen Tatbestand zu erfüllen (Löwe, Anm. 3 zu § 353 StrPO.). Dieser Fall liegt hier vor.

2. Die Aufhebung des Urteils erfolgt auch, soweit es sich auf Dürr erstreckt, da seine Verurteilung auf dem gleichen Rechtsverstoß beruht wie die des Leicht. § 357 StrPO.

3. Bei der neuerlichen Urteilsfällung hätte das Schwurgericht, falls es wieder zu einer Verurteilung nach § 107a Abs. 1 StGB. gelangen würde, § 27b StrGB. zu beachten, falls es eine Gefängnisstrafe für angemessen erachten würde, die über 3 Monate nicht hinausgeht.

---

[6]) DJZ. 1926, 1788 (BayObLG.); JW. 54, 1025 Nr. 2 (Dresden).

4. Die Verfahrensrüge des Verteidigers des Leicht ist dagegen unzulässig; sie enthält nicht die nach § 344 Abs. 2 Satz 2 StrPO. erforderliche Angabe der den Mangel enthaltenden konkreten Tatsachen. Der Verteidiger wollte rügen, daß sein Beweisantrag zu Unrecht nicht verbeschieden worden sei. Dazu war aber erforderlich, daß er zur Begründung der Rüge die Tatsachen anführt, die erkennen lassen, daß sein Antrag den Erfordernissen eines verbescheidungsbedürftigen Beweisantrags auch entsprochen hat. Ein Beweisantrag ist das Verlangen, über bestimmte, sinnlich wahrgenommene Tatsachen durch Benützung bestimmter Beweismittel Beweis zu erheben[7]). Die Angabe der nach § 344 Abs. 2 S. 2 StrPO. erforderlichen Tatsachen erfordert daher auch die Angabe der Beweismittel, um erkennen zu lassen, ob überhaupt ein verbescheidungsbedürftiger Beweisantrag vorlag und allenfalls, welcher von mehreren Beweisanträgen eine nach Ansicht des Beschwerdeführers unrichtige Erledigung gefunden hat. Diese Tatsachen enthält die Revisionsbegründung insoweit jedoch nicht, kann sie nicht enthalten, da der Verteidiger nur den Protokollinhalt wiedergab, das Protokoll aber die Angabe der Beweismittel nicht enthält und nicht enthalten kann, da sie nicht mündlich vorgetragen wurden und der in dem Protokoll vermerkte Vorgang nur die Übergabe eines Schriftstücks vermerken kann, der vom Verteidiger als Beweisantrag bezeichnet worden sei. Das Schriftstück selbst bildet aber keinen Teil des Protokolls.

Aber selbst wenn die Verfahrensrüge die Angabe der Zeugen enthalten hätte, wäre der Rüge keine Folge zu geben, diese vielmehr unbegründet gewesen. Einmal lag ein gültiger Beweisantrag um deswillen nicht vor, weil der „Beweisantrag", der in der Hauptverhandlung seinem ganzen Inhalt nach dem Gericht mündlich vorzutragen war (Löwe Anm. 8a zu § 244), nur dem Vorsitzenden des Gerichts zur Einsichtnahme schriftlich vorgelegt, nicht aber dem Schwurgericht als solchem zur Kenntnis gebracht war. Die

---

[7]) RGSt. Bd. 57, 412 [413] (III. Sen.); Löwe Anm. 8 zu § 244.

Bezugnahme auf die frühere Ankündigung des Beweisangebots genügt nicht, da diese Ankündigung die Beweismittel nicht nannte. Solange deshalb der Schriftsatz nicht mündlich vorgetragen oder mit dem Antragsteller erörtert war, lag ein Beweisantrag dem Gericht nicht vor.

Endlich wäre, selbst wenn all diesen Erfordernissen genügt wäre, die Rüge unbegründet, denn das Urteil würde nicht auf der Übergehung des Beweisantrags beruhen. Ist ein Beweisantrag übergangen, so greift nicht der absolute Revisionsgrund des § 338 Ziff. 8 Platz, sondern es wird gemäß § 307 StrPO. geprüft, ob nach Sachlage das Urteil auf dem Übergehen des Beweisantrags beruht[8])[9]). Für die Entscheidung sowohl der Schuld als auch der Straffrage ist es aber unerheblich, ob auch die Anhänger der Gegenpartei gelärmt haben.

III. 1. Bei der Revision des Wilhelm Reich prüft das Revisionsgericht zunächst, ob die Bestimmungen über die Einlegung der Revision beobachtet sind, diese zulässig ist (§ 349 StrPO.). Diese Prüfung ergibt folgendes:

a) Die Revision des „Nebenklägers" ermangelt der erforderlichen Form. Der Nebenkläger, der nach § 397 StrPO. nach erfolgtem Anschluß die Rechte des Privatklägers hat, hat nach herrschender Ansicht auch dessen Pflichten, kann also gemäß § 390 Abs. 2 StrPO. Revisionsanträge nur mittels einer von einem Rechtsanwalt unterzeichneten Schrift anbringen, nicht aber zu Protokoll des Urkundsbeamten (Löwe Anm. 1a zu § 390).

b) Selbst wenn diesem Erfordernis genügt wäre, so würde dem „Nebenkläger" doch die Aktivlegitimation fehlen. Nach dem Tode des Kindes kann sich der gesetzliche Vertreter nicht mehr der erhobenen öffentlichen Klage als Nebenkläger anschließen[10]). Das Revisionsgericht hat die Rechtmäßigkeit der Zulassung des Rechtsmittelwerbers als Neben-

---

[8]) Vgl. JW. 58, 1046 Nr. 54 (I. Sen.).

[9]) Über den Begriff des Beruhens vgl. RGSt. Bd. 61, 353 [354] (I. Sen.). Stpr. 1926 H. I. 10 Anm. 8.

[10]) JW. 57, 3049 Nr. 20 (I. Sen.); BayZ. 1929, 161 Nr. II (BayObLG.).

kläger nachzuprüfen, denn sie ist die Voraussetzung für die Zulässigkeit seiner Revision. Eine Anschlußberechtigung läßt sich nicht aus § 395 Abs. 1 StrPO. herleiten. Allerdings würde der Anschlußberechtigung ebensowenig der Umstand entgegenstehen, daß Leicht zuletzt wegen fahrlässiger Tötung nach § 222 StrGB. verfolgt wurde, wie daß eine allenfalls in Betracht zu ziehende fahrlässige Körperverletzung unter Verletzung einer Gewerbs- oder Berufspflicht erfolgt wäre, § 230 Abs. 2 StrGB., welch beide Delikte im Privatklageverfahren nicht verfolgt werden können (§ 374 Abs. 1 StrPO.). Der Anschluß des Privatklageberechtigten ist vielmehr schon dann als zulässig zu erachten, wenn auch nur die Möglichkeit gegeben ist, daß je nach Gestaltung der Verhandlungsergebnisse Verurteilung wegen einer Straftat in Frage kommt, bei der nach den gesetzlichen Bestimmungen eine Nebenklage statthaft sein würde [11]) (Löwe Anm. 1 zu § 395). Allein der Vater des getöteten Kindes kann weder gemäß § 395 Abs. 2 StrPO. aus eigenem Rechte, noch gemäß Abs. 1 als Vertreter des verletzten Kindes Privatklage erheben. Aus eigenem Recht nicht: denn der hier in Betracht kommende § 65 Abs. 2 StrGB. gibt dem Vater kein eigenes Antragsrecht; auch in diesem Falle übt der Vater nur die Rechte des verletzten Kindes aus [12]); nicht als gesetzlicher Vertreter des als Träger des Privatklagerechts in Betracht kommenden verletzten Kindes, denn dieses ist tot, kann also nicht mehr Träger von Rechten sein. Ebensowenig kommt eine Anschlußberechtigung nach § 403 StrPO. in Frage, denn der Bußanspruch nach § 231 StrGB., ein anderer kommt nicht in Frage, kann nur von dem körperlich Verletzten erhoben werden, also nicht mehr, wenn dieser tot ist. § 395 Abs. 2 StrPO. kommt schon mangels der tatsächlichen Voraussetzungen nicht in Betracht.

c) Endlich war aber eine Nebenklage nach der Prozeßlage z. Zt. des erklärten Anschlusses gesetzlich überhaupt nicht mehr möglich. Gemäß § 399 Abs. 2 StrPO. kann der Nebenkläger eine Entscheidung nicht mehr anfechten,

---

[11]) RGSt. Bd. 59, 100 [102] (II. Sen.); JW. 57, 834 Nr. 16 (RG.).
[12]) RGSt. Bd. 57, 241 (II. Sen.).

wenn für die Staatsanwaltschaft die Frist zur Anfechtung abgelaufen ist. Dies gilt auch dann, wenn die Staatsanwaltschaft vor Ablauf der Rechtsmittelfrist auf die Einlegung von Rechtsmitteln verzichtet. Denn nach dem Sinne des § 399 Abs. 2 StrPO. soll der Nebenkläger durch seinen nachträglichen Beitritt zum Verfahren nur so lange einen neuen Rechtszug eröffnen können, als der Staatsanwaltschaft diese Befugnis zusteht [13]). Der Staatsanwalt aber hatte schon am 20. Sept. 1928 auf die Einlegung von Rechtsmitteln bezüglich der Anklage wegen fahrl. Körperverletzung verzichtet, Reich aber erst am 21. Sept. 1928 seinen Anschluß erklärt.

2. Die Entscheidung des Schwurgericht war sachlich unrichtig. Das Schwurgericht war, was es auch nicht verkannt hat, nicht gehindert, den seiner Aburteilung unterstellten Tatbestand unter dem Gesichtspunkt der fahrlässigen Tötung (§ 222 StrGB.) zu würdigen. Das Recht und auch die Pflicht hierzu (Recht und Pflicht zur Klageänderung) ergeben sich aus §§ 155 Abs. 2 und 264 StrPO., ohne Rücksicht darauf, unter welchen rechtlichen Gesichtspunkt Anklage und Eröffnungsbeschluß den Tatbestand subsumiert hatten. Insbesondere war eine Zustimmung des Angeklagten Leicht nicht erforderlich, denn durch die Änderung des rechtlichen Gesichtspunktes wurde die Tat keine „andere" i. S. des § 266 StrPO. Unter der in der Anklage bezeichneten „Tat", die nach § 264 Abs. 1 StrPO. den Gegenstand der Urteilsfindung bildet, ist der geschichtliche Vorgang in seiner Gesamtheit, einschließlich der damit in Verbindung stehenden Tatumstände zu verstehen, wie er sich nach den Ergebnissen der Hauptverhandlung darstellt [14]). In diesem inneren Zusammenhange mit dem verursachenden Tun des Angeklagten stehen auch die Auswirkungen seines Tuns, die erst später eintreten, aber mit der deliktischen Tätigkeit des Angeklagten in ursächlichem Zusammenhang stehen, wie der spätere Eintritt des Todes infolge einer vorangegangenen Verletzung.

---

[13]) JW. 57, 175 Nr. 31 (II. Sen.); vgl. aber auch BayZ. 1929, 161 Nr. II (BayObLG.).

[14]) JW. 57, 820 Nr. 45 (I. Sen.); RGSt. Bd. 62, 130 [131] (II. Sen.).

Aus den gleichen Gründen hätte das Schwurgericht, falls es weder den Tatbestand des § 230 noch den des § 222 StrGB. für gegeben erachtete, Verurteilung wegen der verkehrspolizeilichen Übertretung (Überschreitung der zulässigen Höchstgeschwindigkeit, § 18 III KraftfVO. i. Verb. mit § 21 KraftfGes.) eintreten lassen müssen; falls es aber auch diesen Tatbestand nicht für gegeben erachtete, hätte es sich in den Urteilsgründen darüber aussprechen müssen, warum es diesen Tatbestand nicht für gegeben erachtet, § 267 Abs. 5 StrPO.; denn im Eröffnungsbeschluß war dieser Tatbestand ausdrücklich als ideellkonkurrierend erwähnt. Aufgabe des Urteils aber ist es, den Eröffnungsbeschluß vollkommen zu erschöpfen.

Unzulässig war jedoch die vom „Nebenkläger" erhobene Rüge, es hätte Verurteilung wegen der Übertretung erfolgen müssen. Der Nebenkläger kann die Verletzung nur solcher Gesetze rügen, bezüglich deren er nach § 374 StrPO. als Privatkläger aufzutreten berechtigt wäre[15]); dies ist aber bezüglich dieser Übertretung nicht der Fall.

Das Schwurgericht hätte jedoch wegen eines Vergehens nach § 222 Abs. 2 StrGB. verurteilen müssen. Das Unterbleiben einer Verurteilung wegen fahrlässiger Tötung ist offensichtlich auf eine Verkennung, auf eine zu enge Fassung des Begriffs der Vorhersehbarkeit zurückzuführen. Es ist nicht erforderlich, daß der Täter den Ursachenverlauf in allen Einzelheiten erkennen konnte oder gar erkannt hat; es genügt, wenn der schädigende Erfolg gegenüber dem pflichtwidrigen Verhalten des Täters im Bereiche der allgemeinen Lebenserfahrung liegt und der Täter nach der besonderen Gestaltung der Sache von dieser allgemeinen Erfahrung nicht ausgeschlossen ist[16]). Nun ist es aber eine der gewöhnlichsten Erfahrungstatsachen, daß bei schweren körperlichen Verletzungen der Tod oft nicht sofort eintritt, sondern daß der Körper noch mit dem Tode ringt und erst nach einiger Zeit unterliegt. So ist auch im vorliegenden Falle das Kind den erlittenen Verletzungen erlegen.

---

[15]) JW. 55, 1251 Nr. 10 (Kiel).
[16]) JW. 56, 3051 [3052] Nr. 10 (I. Sen.).

Ebenso hat das Schwurgericht den Geltungsbereich des § 222 Abs. 2 StrGB. zu eng gefaßt. § 222 Abs. 2 StrGB. (ebenso wie § 230 Abs. 2 StrGB.) findet nicht nur auf den Kraftfahrer Anwendung, der in Ausübung seines Amtes, Berufes oder Gewerbes eine Fahrt mit einem Kraftfahrzeug unternimmt, sondern auf jeden, der vermöge seines Amtes, Berufes oder Gewerbes zu besonderer Aufmerksamkeit verpflichtet ist, mag er nun im konkreten Fall die Fahrt in Ausübung seines Gewerbes usw. oder zu Vergnügungszwecken unternommen haben[17][18]. Leicht, der von Beruf Kraftwagenführer ist, hatte deshalb auch hier die erhöhte Sorgfaltspflicht zu gewährleisten.

Schließlich hätte das schwurgerichtliche Urteil, wenn es § 222 StrGB. nicht für gegeben erachtete, sich darüber aussprechen müssen, warum es auch § 230 StrGB. nicht für erwiesen hält.

3. a) Der Nebenkläger ist nicht berechtigt, die Ablehnung des Beweisantrags des Staatsanwalts zu rügen. Ein Beschwerdeführer kann nur solche Verfahrensverstöße rügen, durch die er selbst beschwert ist. Durch die Ablehnung eines Antrags ist er aber nur dann beschwert, wenn er den Antrag selbst gestellt oder dem Antrag eines andern Prozeßbeteiligten sich angeschlossen, dessen Antrag zu seinem eigenen gemacht hatte. Gestellte Beweisanträge sind nicht allen Prozeßbeteiligten gemeinschaftlich (Löwe, Anm. 16 zu § 244). Für das Verhältnis des Nebenklägers zum Staatsanwalt gelten mangels entgegenstehender Vorschriften die allgemeinen Grundsätze. Der Staatsanwalt und der Nebenkläger sind vollkommen unabhängig in ihren Anträgen und Erklärungen (Löwe Vorbem. 1 vor § 395)[19].

---

17) BayZ. 1928, 171 (I. Sen.); RGSt. Bd. 59, 269 [270] (I. Sen.).

18) Über den Begriff des Berufs-Fahrers vgl. BayZ. 1929, 249 Nr. I (I. Sen.); RGSt. Bd. 62, 122 [124] (I. Sen.); JW. 58, 1805 Nr. 1 (BayObLG.); DRZ. 1929 Sp. 67 [68] Nr. 181 (I. Sen.).

19) Zur Frage der Gemeinschaftlichkeit von Beweisanträgen vgl.: RGSt. Bd. 58, 141 (IV. Sen.); JW. 55, 1221 Nr. 10 (III. Sen.); JW. 55, 1224 Nr. 13 (I. Sen.); Über die „Gemeinschaftlichkeit“ von Verfahrensverstößen: RGSt. Bd. 59, 63 (III. Sen.); Bd. 62, 259 [260/261] (II. Sen.); JW. 56, 2627 Nr. 10 (III. Sen.).

Im übrigen entspricht die Rüge nicht der zwingenden Vorschrift des § 344 Abs. 2 StrPO. Einmal hätte der Beweisantrag des Staatsanwalts seinem Inhalte nach wiedergegeben werden müssen. Die abstrakte Behauptung, der Beweisantrag sei „zu Unrecht" abgelehnt worden, genügt ebenfalls nicht. Nicht jede Ablehnung erfolgt zu Unrecht. Mit der Behauptung der Revision ist nur auf einen Verfahrensvorgang verwiesen, während die Angabe der Tatsachen fehlt, aus denen ersehen werden kann, ob der Beweisantrag tatsächlich zu Unrecht abgelehnt worden ist, ob der Verfahrensvorgang gleichzeitig einen Verfahrensverstoß enthält [20]).

Der Beweisantrag war jedoch vom Schwurgericht mit einer nicht stichhaltigen Begründung in einer rechtlich unzulässigen Weise abgelehnt worden. Der Antrag des StA. entsprach den Erfordernissen eines Beweisantrags [21]). Daß die zu beweisenden Tatsachen ausdrücklich angegeben wurden, war nicht erforderlich; es genügte, daß sie erkennbar waren (Löwe Anm. 8a zu § 244). Aus dem Zusammenhang ging aber hervor, daß behauptet werde, der Angeklagte habe dem Untersuchungsrichter im Verlaufe der Voruntersuchung Angaben über sein Verhalten bei der fraglichen Fahrt gemacht, und daß der Untersuchungsrichter diese Angaben berichten solle. Das genügte. Das Vorbringen der Begründung des Ablehnungsbeschlusses, die Feststellung der Schuld des Angeklagten sei Sache des erkennenden Gerichts, zielt an der Sache vorbei; der StA. hatte nicht beantragt, der Untersuchungsrichter solle ein Urteil über die Schuld oder Unschuld des Angeklagten abgeben. Das Vorbringen des StA., aus den vom Untersuchungsrichter zu berichtenden Tatsachen gehe das Verschulden des Angeklagten hervor, bezeichnet lediglich den Zusammenhang der zu berichtenden Tatsachen mit der Anklage wegen fahrlässiger Tötung, und das Ziel des Antrags, einen Belastungsbeweis zu führen [22]).

---

[20]) DRZ. 1927, 338 Nr. 973 (BayObLG.); JW. 58, 1474 Nr. 25 (III. Sen.); Recht 1926, Nr. 2047 (I. Sen.).

[21]) Vgl. oben Nr. 7.

[22]) Vgl. JW. 58, 260 Nr. 19 (I. Sen.).

b) Die zweite Verfahrensrüge ist vorschriftsmäßig begründet. Sie ist jedoch unbegründet. Das Protokoll entbehrt infolge seiner Unklarheit der Beweiskraft des § 273 StrPO. Der Verfahrensvorgang kann deshalb in freier Beweiswürdigung festgestellt und dabei kann auf dienstliche Äußerungen Bezug genommen werden[23]). Durch diese aber ist festgestellt, daß Jung nicht beeidigt wurde und daß lediglich vergessen wurde, im Protokoll den Vordruck entsprechend durchzustreichen. Ein Verfahrensverstoß ist aber nicht gegeben.

Die Kosten des erfolglosen Rechtsmittels waren dem „Nebenkläger" gemäß § 473 Abs. 1 StrPO. aufzuerlegen.

B.

1. Die verspätet eingelegte Revision des Dürr wurde von der Strafkammer mit Recht als unzulässig verworfen: § 346 Abs. 1 StrPO.

2. Dürr hat jedoch den innerhalb einer Woche nach Zustellung der Entscheidung zu stellenden Antrag auf Entscheidung des RevGer. erst nach Ablauf dieser Frist, also verspätet gestellt: § 346 Abs. 2 StrPO. Gleichwohl wären die Akten dem Revisionsgericht zur Entscheidung vorzulegen gewesen. Über die Frage, ob diese Frist, innerhalb deren die Entscheidung des RevGer. zu beantragen ist, gewahrt ist, kann nur das RevGer. selbst entscheiden (Löwe Anm. 5 zu § 346 und Anm. 4 zu § 319). Die Zurückweisung des Antrags durch die Strafkammer war daher unzulässig.

3. Auf die neuerliche Beschwerde des Dürr hin hebt die Strafkammer ihren Beschluß auf und legt die Akten dem Revisionsgericht vor. Die Aufhebung der eigenen Entscheidung durch die Strafkammer ist zulässig. Grundsätzlich sind die Gerichte für befugt zu erachten, diejenigen Entscheidungen, die einer Rechtskraft nicht fähig sind, von Amts wegen oder auf Antrag zu ändern oder zurückzunehmen, wenn sie einen Anlaß hiezu finden[24]) (Löwe Vorbem. 2g zum 3. Buch,

---

[23]) JW. 57, 2252 Nr 51 (II. Sen.).
[24]) JW. 58, 1064 Nr. 6 (BayObLG.).

Anm. 5 a zu § 306). Nun schafft zwar die nach § 346 Abs. 2 StrPO. ergehende Entscheidung des Revisionsgerichts Rechtskraft, einmal, weil gegen die sofortige Beschwerde eine weitere Beschwerde unzulässig ist, § 310 StrPO., der Antrag nach § 346 Abs. 2 StrPO. aber als sofortige Beschwerde zu erachten ist (Löwe, Anm. 5 zu § 346, Anm. 3 und 5 zu § 319), zum andern, weil gemäß § 304 Abs. 3 StrPO. eine Beschwerde gegen einen Beschluß des Revisionsgerichts überhaupt ausgeschlossen ist. Diese Rechtskraftwirkung eines nicht mehr anfechtbaren Beschlusses kommt aber nur einem Beschlusse eines generell für solche Beschlüsse zuständigen Gerichtes zu (Löwe, Vorbem. 2 g vor 3. Buch und Anm. 8 zu § 311, Anm. 5 zu § 346). Gilt dies schon von einem Beschluß mit konstitutiver Wirkung [25]), so erst recht für einen Beschluß von nur deklaratorischer Bedeutung [26]) [27]).

4. Das Reichsgericht weist den Antrag, weil verspätet eingebracht, als unzulässig zurück und legt Dürr die Kosten auf (§ 473 StrPO.).

---

[25]) RGSt. Bd. 37, 112 ff. (III. Sen.).

[26]) Vgl. DRZ. 1927, Sp. 283 Nr. 982 (BayObLG.); DJZ. 1926, 458 (KG.).

[27]) Vgl. auch RGSt. Bd. 59, 419 [420] (I. Sen.); JW. 56, 395 [396] (II. Sen.).

Gesetzesregister.

A. Reichsstrafgesetzbuch.

B. Strafprozeßordnung.

Sachregister.

A. Reichsstrafgesetzbuch.

Die Zahlen bedeuten die Seiten.

B. Reichsstrafprozeßordnung.

Die Zahlen bedeuten die Seiten.

FSC
www.fsc.org
MIX
Papier | Fördert gute Waldnutzung
FSC® C083411

Kolibri 360 GmbH
Ferdinand-Jühlke-Straße 7
99095 Erfurt, Deutschland
produktsicherheit@kolibri360.de